Juan de Matos Fragoso

Juan Bautista Diamante

Juan Vélez de Guevara

El hidalgo de la Mancha

Barcelona 2024
Linkgua-ediciones.com

Créditos

Título original: El hidalgo de la Mancha.

e-mail: info@linkgua.com

Diseño de cubierta: Michel Mallard.

ISBN tapa dura: 978-84-1126-344-3.
ISBN rústica: 978-84-9816-470-1.
ISBN ebook: 978-84-9897-233-7.

Sumario

Créditos 4

Brevísima presentación 7

Personajes 8

Baile 9

Personajes 16

Jornada I 17

Personajes 68

Jornada segunda
Juan Bautista Diamante 69

Personajes 116

Jornada tercera
Juan Vélez de Guevara 117

Fin de fiesta
Juan Vélez de Guevara 157

Libros a la carta 167

Brevísima presentación

Esta versión teatral del Quijote fue escrita por lo siguientes autores:

Juan Bautista Diamante (Madrid, 1625-Madrid, 1687). España.
Hijo de un mercader de origen grecosiciliano y de madre portuguesa, estudió en Alcalá de Henares. De joven fue pendenciero y se le acusó de cometer un asesinato, pero su padre lo libró de la cárcel indemnizando a la viuda del difunto. Diamante fue militar y caballero de la Orden de San Juan.

Juan Crisóstomo Vélez de Guevara (Madrid, 1611-1675). España.
Su padre fue el también escritor Luis Vélez de Guevara. Fue oidor en Sevilla y volvió a su Madrid natal y entró al servicio del duque de Veragua. En 1642, su padre le cedió el cargo de ujier real. A principios de 1655 se casó con Úrsula de Velasco.

Juan de Matos Fragoso (Alvito, 1608-Madrid, 1689). Portugal.
Estudió filosofía y jurisprudencia en la Universidad de Évora y luego se marchó a Madrid, donde fue amigo de los principales dramaturgos de la época, en especial Juan Pérez de Montalbán. Pasó un tiempo en Italia, donde se representó alguna comedia suya en la corte del virreinato de Nápoles. Estuvo siempre bien relacionado y tuvo por mecenas a varios nobles importantes, incluso al rey Felipe IV.

Personajes

Bartolo
Amarinda
Tres hombres
Tres mujeres

Baile

Salen bailando los hombres y mujeres, y cantando lo siguiente:

Cantan
Al baile, al baile, al baile,
hoy todos, todos, todos,
para ver a Amarinda,
para ver a Bartolo,
vengan, vengan, vengan,
y digan a coros
que ella es por no amar discreta,
que él es por amar un tonto.

Michaela
Esperar aquí podemos
a aquel simple de Bartolo,
que a la discreta Amarinda
enamora más que todos,
pues al baile de esta tarde
nos convida.

Bernardo
¿Hay tan gracioso
muchacho?, pues ¿qué pretende
con esa Merlina el bobo?

Michaela
Decirle sus boberías
aforradas en lo propio

Bernardo
Pues sea presto porque ya
diciendo están los curiosos
que nos den con estos bailes.

Michaela
Pues diles que nos den otros.

(Salen Bartolo y Amarinda.)

Bartolo — Escucha, así amor te salve,
Amarinda de mis ojos.

Amarinda — Así amor me salve, escucho,
y porque creas que oigo,
en el tono que me hablares
en ese mismo respondo.

Bartolo — Pues sin cesar en el baile
repetid antes vosotros:
Al baile, al baile, al baile
(Repitan y bailen.) hoy todos, todos, todos,
para ver a Amarinda,
para ver a Bartolo,
vengan, vengan, vengan,
y digan a coros
que ella es por no amar discreta,
que él es por amar un tonto.

Bartolo (Cantando.) — Es que tu amor cosi cosa
me trae muy en juicio loco,
porque cuanto más le entiendo
más, Amarinda, me embobo.

Amarinda (Cantando.) — Si te embobas porque entiendes,
así, así te querré un poco,
que está en sazón un amante
cuando está discretitonto.

Bartolo — Yo no te entiendo.

Amarinda — Yo a ti tampoco.

Bartolo — Pues, ¿qué será esto?

Amarinda — Es lo que esotro.

Los dos — Pues hablemos, hablemos en un mismo tono.

(Repitan y bailen.)

Bartolo —
Si te miro quedo ciego,
ciego mas miro curioso,
como tal, ¿cómo me dan
mis ojos sin saber cómo?

Amarinda —
De tal como no te espantes,
que es Amor niño donoso
con manos de estopa y yerro,
duendecillo de los ojos.

Bartolo — Yo no te entiendo.

Amarinda — Yo a ti tampoco.

Bartolo — Pues, ¿qué será esto?

Amarinda — Es lo que esotro.

Los dos — Pues hablemos, hablemos en un mismo tono.

(Repitan y bailen.)

Bartolo —
Con dulce muerte me matas,
porque al morir reconozco
que de goloso me muero,
y muero por ser goloso.

Amarinda
No comas tú tanto dulce,
toma el agrio apetitoso
de los celos, que los celos
son golosina de bobos.

Bartolo
Yo no te entiendo.

Amarinda
Yo a ti tampoco.

Amarinda
Pues, ¿qué será esto?

Bartolo
Es lo que esotro.

Los dos
Pues hablemos, hablemos en un mismo tono.

(Repitan y bailen.)

Bartolo
Doña Merlina te llaman
en el lugar los sabihondos,
sepa yo ser Merlinico
para saber más que todos.

Amarinda
De ser Merlina me huelgo,
que el saber nunca es dañoso,
pues los panarras de amor
son panarras de sí propios.

Bartolo
(Representado.)
A lo de ser Merlinico
no me respondes...

Amarinda
Bartolo,
no me debe de gustar

supuesto que no respondo.

Bartolo ¿Eso dices?

Amarinda Eso digo.

Bartolo ¿Por qué?

Amarinda Porque sí, bobo.

Bartolo Es razón muy sin respuesta,
y así mudando de tono
contaré mi desengaño.

Amarinda Yo también haré lo propio.

Bartolo (Cantando.) Pues de mí te ríes,
y lloran mis ojos,
riendo y llorando
te diré amoroso:
Mira, pues soy bobo, con la risa que lloro,

Amarinda Pues llorando ríes,
yo riendo gimo,
que en nosotras llanto
y risa es lo mismo.
Mira pues, bobillo, con el ay que me río.

(Repitan y bailen.)

Bartolo Ocupado vuelvo,
aunque vine ocioso,
pues voy como dicen
con mi amor al hombro.

Mira, pues soy bobo, con la risa que lloro.

Amarinda
Lleva norabuena
tu amor y albedrío,
lo tuyo sea tuyo,
lo mío sea mío.
Mira pues, bobillo, con el ay que me río.

(Repitan y bailen.)

Bartolo
Demos fin al baile...

Amarinda
Porque de este modo...

Bartolo
Si por mucho es bueno...

Amarinda
Rebueno es por poco.

Bartolo
Mira, pues soy bobo...

Amarinda
Mira pues, bobillo...

Bartolo
Con la risa...

Amarinda
Con el ay...

Bartolo
Que lloro...

Amarinda
Que me río.

Los dos
Con la risa que lloro, con el ay que me río.

(Repitan y bailen y dé fin.)

Fin

Personajes

Doña Beatriz
Doña Margarita
Inés, criada
Don Juan de Ayala
Don Enrique de Vargas
Don Pedro Osorio
Don Quijote de la Mancha
Sancho, su escudero
Sansón
Un Barbero
Alvarado
Carrillo
Músicos
Unos Galeotes

Jornada I

De Don Juan de Matos Fragoso

Salen Don Juan de Ayala y Alvarado, su criado, de camino.

Alvarado — Buen lugar es el Toboso.

Don Juan — Es el mejor de la Mancha
es lustre, en gala y nobleza.

Alvarado — Y hace muy grande ventaja
a Madrid en una cosa.

Don Juan — Dime, ¿y cuál es?

Alvarado — Es muy clara,
que allá dan agua por vino,
y aquí dan vino por agua.

Don Juan — ¿Cómo luego tu discurso
se fue a lo grosero?

Alvarado — Es gracia
que se usa en aquesta tierra.
Pero, dejando las chanzas,
dime qué intento es el tuyo,
porque seguir a una dama
desde Madrid al Toboso,
haciendo por ella tantas
finezas, como no ignoro,
estarse sin declararlas
es cosa que nunca he visto.

Don Juan

¿Qué fineza extraordinaria
he hecho yo por Beatriz
para poder obligarla?

Alvarado

Muchas, que son las siguientes:
Ponerte a menudo galas
porque bien le parecieses,
y en demostraciones vanas
dar librea y comer poco,
y estarse tarde y mañana
enfrente de sus balcones
hecho figura de pasta,
deletreando por la mano
y haciendo mil garambainas
con los dedos de organista,
y luego volverse a casa
sin que ella te haya entendido,
lleve el diablo la palabra.
Y cuando esto no lo sea,
¿la fineza de la barca
de acequia fue niñería?

Don Juan

Caer Beatriz en el agua,
arrojarme a socorrerla,
y por páramos de plata
ser buzo de aquella perla,
delfín de aquella borrasca
para librar su hermosura,
fue demostración hidalga
que la hiciera por cualquiera,
cuánto y más por una dama;
y lo que fue piedad mía
no he de contar por hazaña,
además que un pecho noble

cuando obra una acción bizarra
la vanidad de emprenderla
le viene a servir de paga.

Alvarado

Pues, señor, yo no te entiendo,
si no haces por ella nada,
¿por qué vienes en su alcance?

Don Juan

Escucha y sabrás la causa.
Ya sabes como en Madrid
festejé con tiernas ansias
a Doña Beatriz Osorio,
de cuya hermosura rara
no solo yo, sino muchos
amantes, con la esperanza
de tan divino imposible,
su agrado solicitaban.
Yo, que fui siempre el más fino
y que con mayor ventaja,
abrasada mariposa,
seguí el norte de su llama,
paseando su calle un día
vi que junto a su ventana
estaba haciendo terrero
un Don Enrique de Vargas,
caballero conocido;
enfadóme la arrogancia
y el desenfado curioso
con que a su balcón miraba,
obligado de mis celos
acerquéme a él con gana
de estorbar su desatino
y él, que mi intención repara,
desenvolviéndose diestro

y ya terciando la capa,
a la muda voz del ceño
remitimos las espadas;
acudió gente al fracaso
y dividió la batalla,
quedando pendiente el duelo.

Alvarado

Pues dime, ¿en la misma casa
donde vivía Beatriz
otra dama no habitaba,
la cual se llamaba Doña
Margarita de Guevara,
que se fue a Cádiz?

Don Juan

Es cierto.

Alvarado

Pues ¿no pudiera el tal Vargas
festejar a Margarita
y no a Beatriz?

Don Juan

Tú reparas
bien, porque esa misma duda
tiene mi discurso en calma.
En fin, ya los dos reñimos,
por cuyo motivo y causa
Don Pedro Osorio, que es padre
de Beatriz, viendo que andaba
no sé qué voz sorda sobre
la pendencia, al punto trata
de retirar a su hija
y cuerdamente apartarla
del bullicio de la Corte;
y con familia y criadas
al Toboso la conduce,

este lugar de la Mancha
adonde dicen que tiene
poderosa hacienda y casa,
y adonde yo también pienso
quedarme en una posada,
disfrazado y encubierto,
siendo amorosa atalaya
de Beatriz, que, aunque desprecia
mis finezas, la constancia
de ver que la adoro firme
y que sigo sus pisadas
podrá ser que el desdén temple,
y con la experiencia larga
de ver tanto ardiente afecto
se logren mis esperanzas.

Alvarado
Y ¿qué hemos de hacer ahora?

Don Juan
Dejar que la noche parda
encubra el Sol, y buscar
modo con que esta tirana
sepa mi oculta fineza,
y que sigo sus estampas
ciego, enamorado y fino.

Alvarado
Y han de ser las caravanas
de suerte que no lo sepa
su padre, porque si alcanza
a saberlo, desde aquí
la mudará a la Tebaida,
que es sumamente celoso.
Pero tente, pese a mi alma,
que viene Sansón Carrasco,
que es criado de su casa

y temo que te conozca.
Doblando esa esquina, escapa,
que yo le deslumbraré.

Don Juan — A Beatriz llevo en el alma.

(Vase.)

(Sale Sansón Carrasco de vejete, como que sigue a Alvarado.)

Sansón — ¡Ah, caballero, a quien digo!
¡Ah, hidalgo!

Alvarado — Y de la Montaña.
¿Qué es lo que me quiere, amigo?

Sansón — Pienso que he visto esta cara
en Madrid...

Alvarado — Y yo imagino
que le he visto en las batallas
del Conde Fernán González.

Sansón — Mi padre se halló en las Navas;
¿Vuesarced, aunque perdone,
del señor don Juan de Ayala
no es lacayo?

Alvarado — Ahora acabo
de llegar de Transilvania
y traigo cartas del turco.

Sansón — Pues léame aquesta carta,
que es de una sobrina mía

que está monja en las Beatas.

Alvarado

No puedo que voy deprisa;
gran flema el menguado gasta.

(Vase.)

Sansón

¡Ah bergantón, vive el cielo!

(Salen Doña Beatriz e Inés, su criada.)

Beatriz

Tantas visitas me cansan;
di, Inés, a los que vinieren
que estoy fuera y que mañana
de mi noble rendimiento
será su atención pagada,
y Sansón Carrasco asista
todo el día en la antesala
para despedir a todos.

Sansón

Lo haré de muy buena gana.

(Vase.)

Inés

En este lugar, señora,
parece que no te hallas,
pues siendo tuyo el aplauso
del donaire y de la gracia
te veo triste.

Beatriz

Inés mía:
la vida todo es mudanzas;
ya sabes tú los desprecios
con que mi altivez ajaba

la constante idolatría
que en las fabulosas aras
de amor tributó el afecto,
sin que ninguna obligara
mi desdén endurecido.
Pero ahora, que olvidada
vivo de aquellos amantes
que mi vista avasallaba,
echo menos el obsequio
de tanta adoración vana,
pues no es hermosura aquella
que no triunfa de las almas.

Inés

Volvámonos a la corte
puesto que estás mal hallada,
que allí solamente son
las beldades celebradas
de los hijos del vecino;
(Aparte.) (¡ay, hijitos de mi alma!)
Dios no me mate hasta veros.

Beatriz

Tú estás, Inés, engañada
si piensas que arrepentida
estoy de mudar de patria,
pues no es así, que echar menos
los aplausos es humana
propensión que no se opone
al fuero de recatada.

Inés

Ahora que estamos solas
de los que te festejaban,
¿cuál tenías por más digno
de tu inclinación?

Beatriz
Repara
que a ninguno la he tenido.

Inés
Por el mérito y constancia
quiero que juzgues.

Beatriz
Dijera
que solo don Juan de Ayala
de mi atención era digno.

Inés
¿Quién, señora, imaginara
que al que hacías más desprecios
era al que más te inclinabas?

Beatriz
Inclinarme yo es engaño;
dirás la más obligada
y menos agradecida.

Inés
Tu padre.

(Sale Don Pedro.)

Don Pedro
Beatriz amada,
en quien asiste dichoso
el alivio de mis canas.
Como eres recién venida
a este lugar, no me espanta
que en un retiro eches menos
la variedad cortesana,
pensiones de la que es noble
vivir a esta ley forzada,
que es dichoso cautiverio
el que al pundonor esmalta.
Hija, sabrás como doña

Margarita de Guevara
con quien en Madrid tuvimos
tanta amistad, con la infausta
muerte de su padre quiere
desde Cádiz, donde estaba,
volverse a la corte, y como
es muy propio en las desgracias
buscar consuelo, me avisa
que intenta hacer su jornada
por este lugar por verte
y estar de ti acompañada
algunos días.

Beatriz
Ya sabes,
señor, la fineza rara
con que estimo a Margarita,
y que en una misma casa
vivimos en Madrid, donde
fue nuestra estrecheza tanta
que se hizo hermandad el trato,
y que he sentido en el alma
su ausencia; venga en buen hora
que ya con esa esperanza
hallo alivio a mis tristezas.

Inés
Y yo tendré con entrambas
alegres Carnestolendas.

Inés
Y han de ser regocijadas,
porque ha llegado al Toboso
un hidalgo de la Mancha
a quien llaman Don Quijote,
que la plebe alborotada
tiene con sus aventuras,

y da en decir que es su dama
Dulcinea del Toboso,
una princesa encantada;
y te aseguro, Beatriz,
que es rara la extravagancia
de su locura en el modo
de lenguaje, adorno y cara

Beatriz

Por toda Castilla corre
de aquese hidalgo la fama,
y sus raras cosas son
de todos muy celebradas.

Inés

Y dizque gastó su hacienda
en libros e historias varias
de caballería.

Inés

Y tanto
se dio a su lectura vana
que de andantes caballeros
sigue el estilo y la pauta.

Beatriz

¿Qué dices, señor?

Inés

Es cierto,
mas tú que eres inclinada
a semejantes leyendas,
te aseguro que me holgara
que vieses a don Quijote,
porque es una viva estampa
de los Febos y Amadises,
mas con ridícula gracia.

Inés

Pues, señor, ¿no le veremos?

Beatriz

Para mí fuera extremada
diversión de mis tristezas.

Inés

Pues poca ha de ser mi maña
si no consigo que tú
lo veas; mas ya que aguardas
visitas, pues del Toboso
han de venir las hidalgas
a verte, yo me retiro.

(Vase.)

Beatriz

Inés, ya con la esperanza
de verme con Margarita
me alegro.

Inés

Tu padre en nada
se opone a tu gusto.

Beatriz

Vamos.

Inés

Todos de alegrarte tratan.

Beatriz

Mucho me holgara de ver
a este hidalgo de la Mancha.

Inés

Y yo de verme en Madrid
que lo demás es patraña.

(Vanse.)

(Sale Don Quijote armado con peto y morrión, y un lanzón en la mano, y Sancho Panza de villano.)

Don Quijote

¿Quitástele el freno, Sancho,
a Rocinante?

Sancho

En la yerba
de ese ejido mustio y flaco
triste y pensativo queda.

Don Quijote

Qué mal entiendes de achaque
de caballos; en la era
presente, ni en la pasada,
según las historias cuentan,
no ha habido mejor caballo
pues ni el de Amadís de Grecia,
ni el de Roldán encantado,
ni el de Artús de Inglaterra,
todos tres tan celebrados,
con diez varas no le llegan;
dime, ¿has visto tú animal
tan pronto en la ligereza?

Sancho

En él carrera no he visto
que trote no me parezca,
teniendo una legua larga
de la cola a las orejas.

Don Quijote

Como hasta ahora no sabes
de historias caballerescas,
Sancho amigo, no me espanto
que ciegos los ojos tengas.
Malambruno, mi enemigo
el encantador, intenta
borrar por este camino
mis nunca vistas proezas,

haciendo que mis hazañas
otra cosa te parezcan,
porque sabe que mi brazo,
lanza a lanza y diestra a diestra,
a un príncipe ha de vencer
de la Gran Casa de Grecia,
a quien él ampara; pero
sus engaños y cautelas
ociosas son, que conmigo
no le han de valer sus tretas.
Y si no di, por tu vida,
sin encargar tu conciencia:
¿a quién has visto, de cuantos
estas historias celebran,
que en los más arduos peligros
con más valor acometa?;
¿quién más diestro en las batallas?,
¿quién más sufrido en las penas?,
¿quien mas constante en los riesgos?,
¿ni quién sus pasiones mesmas
sepa vencer, sino yo?;
pues sabes que mil princesas,
llevadas de mi valor
y obligadas de mis prendas,
ciegas intentaron dar
con mi honestidad en tierra,
y que yo a todas les pago
con desdenes y tibiezas,
por no faltar a la fe
que le debo a Dulcinea.
Yo, Sancho, nací en el mundo
para amparar las doncellas,
para socorrer pupilos,
para desfacer afrentas,

siendo mi primer intento
resucitar la ya muerta
andante Caballería,
que está olvidada o suspensa
en aquesta edad de yerro,
cuando en la de Oro pudiera
de tantos héroes gloriosos
aclamar la fama eterna.
Los Febos, los Belianises
son otra mucha caterva,
que con trabajo inaudito
buscaron por esta senda
gloria inmortal, y de todos
yo soy la norma y la regla,
a pesar de malandrines
que borrar mi fama intentan.

Sancho

Digo, señor don Quijote,
que en cuanto a que verdad sea
lo que Vuesa merced dice
de historias caballerescas
no me meto, pero en cuanto
a los prodigios que cuenta
de sus hazañas, es cierto
que estoy por ver la primera,
si no lo son las puñadas
que le dieron en la venta
los palos de los yangüeses,
que si son hazañas estas
como dice, ruego a Dios
que en mi vida me sucedan.

Don Quijote

Dime, y cuando descubrí
los dos campos que con priesa

marchaban ambos al son
de clarines y trompetas
para darse la batalla,
¿no me viste en la refriega
dar ayuda a los más pocos,
y que le debió a mi diestra
Pentapolín Garamanta,
que su gran caudillo era,
esta victoria?

Sancho — ¿Qué dice?
Señor don Quijote, advierta
que el poco comer le tiene
algo flaco de mollera.
Los ejércitos que dice
¡pesia a mi alma! es cosa cierta
que eran dos grandes rebaños
de carneros y de ovejas,
y lo que hizo fue sacar
menos de aquesta contienda
(cayendo de Rocinante)
seis dientes y cuatro muelas.

Don Quijote — A aquel bálsamo encantado
que tanta virtud encierra,
Sancho, le debí la vida,
pero el que tú no me creas
nace de no ser armado
caballero; pero deja,
que yo te prometo armar
de mi mano en la primera
ocasión en que mi brazo
algún caballero venza.

Sancho — Esto me faltaba solo.

Don Quijote — Y hablando de otra materia,
dime, Sancho, ¿no llevaste
a la sin par Dulcinea
la carta que le escribí?

Sancho (Aparte.) — (Por Dios que la hicimos buena;
si yo sé quién es me tuesten;
pero aquí llevarle es fuerza
el humor con un engaño.)

Don Quijote — Dime, Sancho, ¿traes respuesta?

Sancho — Sí, señor, con ella estuve.

Don Quijote — ¿Que tanta dicha tuvieras?
Yo aseguro que la hallaste
con sus damas y doncellas,
labrando a este esclavo suyo
alguna banda o empresa
que enviarme, ¿no es esto así?

Sancho — No la hallé de esa manera.

Don Quijote — Pues, ¿cómo estaba?

Sancho — Acechando
con grande ahínco y vehemencia
unos costales de trigo,
y estaba con la tarea
bien sudada y correosa.

Don Quijote — Aromas sin duda eran

los que exhalaba, y los granos
de aquese trigo eran perlas;
cuando le diste la carta,
Sancho, y te llegaste a ella,
¿no sentiste una fragancia
que los sentidos penetra?

Sancho — Lo que yo sentí al llegarme
a la señora princesa
fue un olorcillo algo hombruno.

Don Quijote — Debiste de olerte, bestia,
a ti mismo.

Sancho — Puede ser.

Don Quijote — Dime, al despedirte de ella,
¿no te dio por la embajada
alguna alhaja o presea
digna de tal carta?

Sancho — Dijo
que esperase, y con gran priesa,
por las bardas de un corral,
me echó en un trapajo envuelta
un poco de pan y vaca,
diciendo que te dijera
que por no saber leer
quemó tu carta, y que fueras
a verla, y que te esperaba
con más miedo que vergüenza.

Don Quijote — Discreta señora, pues
porque la carta no lean

debió de quemarla.

Sancho
A mí
me dijo que la leyera,
y como no sé lo mismo
debió de pasarle a ella.

Don Quijote
Ahora, Sancho, en acabando
una aventura a que es fuerza
acudir a toda prisa,
iré a ver a Dulcinea.

Sancho
¿Y cuál es?

Don Quijote
¿No viste hoy
como a toda diligencia
en un coche unos follones
llevaban una princesa
y la metieron en un
castillo que está aquí cerca?

Sancho
Ya lo vi.

Don Quijote
Pues ven tras mí,
que si acaso la hacen fuerza
he de quemar el castillo.

(Dentro un Barbero.)

Barbero
So, burro, maldito seas,
que así das en derrengarte.

Don Quijote
Pero, Sancho, aguarda, espera,
que la mayor aventura,

según veo, ha de ser ésta
que me eternice; ¿no ves
armado de todas piezas
con sobrevistas azules
un caballero que lleva
un yelmo que ciega el Sol
con los resplandores que echa?
¿No ves el caballo todo
con paramentos de estrellas,
que hace estremecer el aire
con relinchos y corvetas?

Sancho — Lo que yo veo es un hombre
que en un pollino se acerca,
(Mirando al paño.) y que trae una bacía
encima de la cabeza.

Don Quijote — Tú no entiendes de esto, Sancho:
¿ves aquella rica pieza?:
es el Yelmo de Mambrino
que tantas ansias me cuesta.
Déjame con él, verás
como a su pesar me entrega
el Yelmo que un reino vale.

Sancho — Dios de su mano le tenga.

(Sale el Barbero con la bacía en la cabeza, en un pollino o como mejor pareciere.)

Don Quijote — Atrevido caballero,
que con sandez y soberbia
con esa prenda que es mía
te pones en mi presencia,

¿quién eres?

Barbero (Aparte.) (Jesús mil veces
¿qué fantasma será ésta?)
Señor, yo soy un barbero
que vivo en aquella aldea
que desde aquí se divisa,
y de otra que está aquí cerca
a gran prisa me llamaron
para que sangre a una enferma.
Esta bacía que veis,
viendo que a llover comienza,
por no manchar el sombrero
me la puse en la cabeza.
Dejadme pasar, que yo
en mi vida truje prenda
de nadie, gracias a Dios.

Don Quijote Conmigo palabras tiernas,
don sandio, no ha de valeros;
el Yelmo en mis manos deja
luego, cautiva criatura,
o será desta manera.

(Va a darle con el lanzón y déjase caer el Barbero y huye dejándose la bacía.)

Barbero ¡Válgame el cielo!, el demonio
que más aquí se detenga.

(Vase.)

Sancho Como perro con vejiga
va el Barbero.

Don Quijote

Sancho llega,
verás si tengo razón
de alabar tan gran presea.

Sancho

Bien haces en alabarla,
la bacía por mi cuenta
bien valdrá sus doce reales,
porque es de azófar y es nueva.

Don Quijote

Malambruno, mi enemigo,
sin duda, Sancho, te ciega
para que un yelmo precioso
tan vil cosa te parezca.
Y yo no le estimo tanto
por el gran valor que encierra
cuanto porque fue de Orlando,
que eternizó su fineza
cuando hizo aquellas locuras
por Angélica la bella.

Sancho

Sin duda el Moro tenía
desaforada cabeza,
porque a ti te viene grande.

Don Quijote

Achicarle será fuerza,
con que me vendrá pintado
echándole una visera;
vamos ahora al castillo.

Sancho

Quiera Dios que no nos muelan
como en otras aventuras.

Don Quijote

Sígueme, Sancho, y no temas;
mas ya en el castillo estamos.

Sancho — Cerradas están las puertas.

Don Quijote — No importa, yo llamaré.

Sancho — Dios nos la depare buena.

Don Quijote — ¡Ah del castillo encantado,
o tú, cualquiera que seas
que asistas en él, responde!

(Sale Don Pedro Osorio viejo.)

Don Pedro — ¿Quién llama de esa manera
en mi casa?

Don Quijote — Quien procura
ver si en esta fortaleza
tenéis oprimida alguna
menesterosa doncella.
Que si es así, en el castillo
no me ha de quedar almena
que en átomos no desfaga
y que no aniquile en piezas.

Inés (Aparte.) — (Don Quijote es éste, aquí
llevarle el humor es fuerza.)
Señor Don Quijote, vos
vengáis muy en hora buena
a honrar esta pobre choza,
que aunque castillo no sea,
como decís, hallaréis
una voluntad en ella
muy conforme de serviros.

Don Quijote

De palabras halagüeñas
no me pago a vos; a un lado,
que a mi valerosa diestra
guarda el cielo esta aventura.
El castillo pieza a pieza
he de ver, sin irme hasta
que lo registre y lo vea.

Inés

No hay que registrar, que todos
salen ya a vuestra presencia.

(Salen Beatriz, Sansón e Inés, criada.)

Beatriz

Padre y señor, ¿con quién das
esas voces?

Inés

Beatriz bella,
aqueste es aquel hidalgo
de quien tantas cosas cuentan,
que, pensando que tú estás
en mi casa con violencia,
viene a vengarte, y pues eres,
hija mía, tan discreta,
y de historias de estos libros
sabes el estilo, llega
y háblale, que de esta suerte
podrá ser que te diviertas.

Don Quijote

¿Has visto, Sancho, en tu vida
tan angelical belleza?
¿Si es a quién diste la carta?

Sancho

No, señor.

Don Quijote
¿Pues Dulcinea
no es natural del Toboso?

Sancho
Sí, señor, pero no es ésta,
que es la otra algo talluda,
menos cuello y más oreja.

Don Quijote
Dices bien, que más divina
es la que tengo en mi idea.

Sansón
¿Hay figura más extraña?

Inés
¿Hay visión más estupenda?

Don Quijote
Yo llego.

Beatriz
¡Sujeto raro!

Don Quijote
No vos espantéis, doncella,
que a vuestra gran fermosura
todo mi aliento enmudezca,
pues a no estar mis sentidos
pendientes todos de aquélla,
y no digo más, a vos
se humillaran mis potencias.
Lo que deseo saber,
si de responder se os membra,
es si en aqueste castillo
os facen alguna fuerza,
violencia o desaguisado,
porque si es así, a mi diestra
veréis como este castillo
todo por el aire vuela.

Beatriz

Inaudito caballero,
a cuya armígera fuerza
deben el ser los pupilos
y la orfandad las doncellas:
en este castillo nadie
me hace tuerto o violencia,
que antes se os fabló verdad
asaz alegre y contenta.
En él estoy con mi padre,
el emperador de Armenia,
que es el que veis; y la que
vos face tan grande arenga
es la sin par Clodomira,
infanta de la Noruega.
El sabio Alquife, mi amigo,
que darme estado desea,
me ha dicho que aguarde fasta
que venga de lueñas tierras
un caballero que a todos
los pasados oscurezca,
y supuesto que sois vos,
si no me mienten las señas,
el mismo que dijo el Sabio,
aunque mis partes no sean
en fermosura y valor
comparadas con las vuestras,
por vuestra esposa me otorgo,
mas esto con advertencia
de que no habéis de tener
emperatriz o princesa
que os cause ninguna cuita,
que siendo de otra manera
fuera una sandia en ponerme

en una tamaña afrenta.

Sansón
Inés, sin duda nuestra ama
está flaca de cabeza.

Don Quijote
Sancho...

Sancho
Señor...

Don Quijote
¿Es posible
que tenga yo tal estrella
que todas me soliciten?
Mira si me faltan reinas
con quien casar.

Sancho
Ya la miro.

Don Quijote
(A Beatriz.)
Perdone vuestra grandeza,
soberana infanta, haber
faltado a la reverencia
que a vuestra gran fermosura
y estado se debe, y sea
el no haberos conocido
disculpa en mi inadvertencia.
(A Don Pedro.)
A vos, ínclito señor,
las manos me dad.

Inés
No fuera
decente en mí dar las manos
a quien las tiene tan buenas;
pero ya veis que la infanta
se os inclina, y la respuesta
aguarda.

Don Quijote — Yo vos confieso
que más ahora quisiera
batallar con diez gigantes
que darla, mas pues es fuerza
digo que no puedo ser
su esposo.

Inés — ¿De qué manera?

Don Quijote — Porque ha mucho que lo soy
de la sin par Dulcinea.

Beatriz — A caballero tan sandio
no respondo.

Don Quijote — Pobre fembra,
qué culpa te tengo yo
de que esta dicha no tengas.

(Dentro Uno.)

Uno — Disparados van los brutos,
no hay quien su furor detenga.

Don Pedro — ¿Qué es aquello?

Inés — Que seis brutos
ya sin tino, ni sin rienda,
con un coche de camino
van a dar en esas penas,
y van dentro algunas damas.

Beatriz — ¡Qué desdicha!

Inés
¡Qué tragedia!
Voy a socorrerlas.

Don Quijote
Nadie
de aqueste puesto se mueva,
que estas aventuras son

(Deteniendo
a Don Pedro.)
de quien nació para ellas.

(Vase.)

Inés
Yo voy también a ayudarle.
Beatriz mía, aquí me espera.

(Vase.)

Sansón
Vamos, Inés.

Inés
Ven, Sansón.

Sansón
No es de perder esta fiesta;
yo pienso hacerle mil burlas
ya que son Carnestolendas.

(Vase.)

Inés
Veamos lo que hace aqueste
Don Quijote de la legua.

(Vase.)

Beatriz
¿Vos, escudero, no vais
por si hay algo que se ofrezca

a socorrer a vuestro amo?

Sancho

¡Que le socorra su abuela,
que yo de sus aventuras
no entiendo más que una bestia.
Pero, señora, por Dios,
que se case su insolencia
con él, que pierdo un gran cargo
si estas bodas se malean.

Beatriz

Tan loco es este criado
como el amo; mas ya llega
con una dama en los brazos.

(Salen Don Quijote con Margarita en los brazos.)

Don Quijote

Ya estáis, fermosa doncella,
segura de que ningunos
malandrines os ofendan.

Beatriz

¡Cielos! ¿Doña Margarita,
a quien espero, no es ésta?

Margarita

¿No es ésta Beatriz?

Beatriz

Amiga,
dame los brazos.

Margarita

Espera,
que he de ser agradecida
antes que contigo atenta.
Valeroso caballero,
a quien la vida confiesa
mi obligación.

(Aparte.) (Mas ¡ay, Cielos!
¿qué hombre es éste?, yo estoy muerta.)
No sé como han de pagaros
mis atenciones la deuda
que reconozco, si no es
con quedar esclava vuestra,
pues a mí, que yo...

Don Quijote Non pasedes
adelante, hermosa fembra,
que ya yo sé de qué nacen
todas esas cuitas vuestras.
De mí estáis enamoradas
las dos, que así la princesa
lo ha dicho a voces, y vos
me lo habéis dicho por señas;
y puesto que yo no puedo,
mientras viva Dulcinea,
el remediar a ninguna
de la pasión que os aqueja
ni traigo conmigo algún
retrato que daros pueda,
no lloredes, porque yo
me voy con vuestra licencia
a buscar mis aventuras
sin que a las pasiones vuestras
corresponda, y me despido,
conque ¡Dios os favorezca!

(Vase, y Sancho.)

Margarita Beatriz mía, ¿qué hombre es éste
que dice que estamos muertas
por él?

Beatriz

El más raro loco
que crió naturaleza.
¿Las cosas de don Quijote
no has oído?

Margarita

Aguarda, espera,
¿luego es éste?

Beatriz

¿Quién podía
ser sino él? Ahora entra
a repararte del susto,
y muy bien venida seas,
que por horas te esperaba
para aliviar mis tristezas.

Margarita

Vamos, que tengo que hablarte
muy despacio.

Beatriz

Norabuena,
vamos, amiga.

Margarita (Aparte.)

(¡Ay, Enrique!
qué de pesares me cuestas.)

(Salen Don Enrique y Carrillo de camino.)

Don Enrique

¿Tomaste posada?

Carrillo

Sí,
pues solo para este efecto
me adelanté en el camino.

Don Enrique

Yo con industria me quedo

atrás por lo que tú sabes.

Carrillo
Esa es atención de cuerdo.

Don Enrique
En fin yo llegué al Toboso.

Carrillo
Y no llegaste muy presto,
pues que primero que tú
ha llegado otro primero.

Don Enrique
Ya sé que don Pedro Osorio,
con quien grande amistad tengo
por la antigua dependencia
que con mi padre algún tiempo
tuvo en Madrid, vive aquí,
en este lugar ameno
retirado de la Corte,
con su hija aqueste invierno,
en cuya casa hoy se hospeda
Margarita, a quien siguiendo
vengo amante desde Cádiz.

Carrillo
Pues, señor mío: no es eso
lo que intentaba decirte,
más fondo tiene el suceso.

Don Enrique
Declárate y no me canses,
Carrillo.

Carrillo
Hago lo que debo;
dime: ¿no eres don Enrique
de Vargas?

Don Enrique
Pues ¿qué tenemos?

Carrillo

No más que pues eres Vargas,
que tú lo averigües.

Don Enrique

Necio
estás; prosigue.

Carrillo

Pues digo
que aquí he visto al caballero
con quien en Madrid tuviste
la pendencia en Barrionuevo.

Don Enrique

Dirás a Don Juan de Ayala.

Carrillo

Sí, señor.

Don Enrique

No es sin misterio
el estar aquí don Juan.

Carrillo

¿De qué te pones suspenso?

Don Enrique

Válgame Dios, qué de cosas
suelen despertar los celos.
¿Si viene por Margarita
y teniendo aviso de ello
vino a esperarla al Toboso?

Carrillo

Yo no lo sé ni lo entiendo,
también será muy posible
que viniese en seguimiento
de doña Beatriz de Osorio,
pues tú no sabes de cierto
a cuál de las dos se inclina.

Don Enrique

Nunca he podido saberlo,
y esa duda solamente
desvanece mis recelos;
mas porque él tampoco ahora
conozca el amor secreto
con que adoro a Margarita
daré a entender que festejo
a Beatriz los pocos días
que estuviese en este pueblo,
con que encubriendo mi amor
hago examen del ajeno.

Carrillo

¿Pues no es mejor declarar
tu amoroso fin honesto
y no andarte por las ramas?

Don Enrique

Los hombres que son discretos
nunca han de arriesgar la dama
con público galanteo,
porque peligra el decoro.

Carrillo

Pues en palacio, que es centro
de la política, todos
señalan aquel sujeto
a quienes nobles sirven.

Don Enrique

Ese
no es amor, que es rendimiento,
culto, obsequio, vasallaje,
primor, atención, respeto
y sacrificio que no
tiene en publicarse riesgo.

Carrillo

Es verdad.

Don Enrique
Pues si es verdad,
¿para qué me das consejos?

Carrillo
Ya yo sé que Margarita
te favorece a lo menos
con una esperanza larga.

Don Enrique
En ella no es corto premio;
darme por desentendido
he menester con don Pedro
yendo luego a visitarle,
y con aqueste pretexto
ver a Margarita; aguarda,
que si no me engaño pienso
que es aquel don Pedro Osorio
el que va allí; ¡Ah, caballero!

Carrillo
El es, señor, y a nosotros
se viene.

(Sale Don Pedro.)

Don Pedro
Pues, ¿cómo es esto?
Señor don Enrique, ¿vos
en el Toboso?

Don Enrique
Del Puerto
de Santa María acabo
de llegar ahora, y viéndoos
me pareció grosería
no hablaros.

Inés
Yo os agradezco

la memoria de acordaros
de mí, y pago lo que os debo
deseando que me ocupéis,
que casa y familia tengo
en este lugar.

Don Enrique — Ya sé
que aquí os vinisteis de asiento;
tomada tengo posada
y juzgo estar algún tiempo
en el Toboso a negocios
de importancia.

Inés — Según eso,
aquestos días que son
de holgura y divertimiento
podéis frecuentar mi casa,
que allí nos entretenemos
con domésticos festines
unos hidalgos discretos,
y hay famosísimos ratos
de gusto y entretenimiento.

Don Enrique — El cielo os guarde mil años,
mirad que el favor acepto.

Inés — Pues mirad que os aguardamos:
mi casa es, la estáis viendo,
y ahora me dad licencia
porque unos huéspedes tengo
a que es preciso asistir.

Don Enrique — Pues adiós.

Inés	Guardeos el cielo.

(Vanse, y sale Alvarado y detiene a Carrillo.)

Alvarado	¡Ah galán!

Carrillo	¿Qué es lo que manda?

Alvarado	Decidme, ¿este caballero
no es don Enrique de Vargas?

Carrillo	Desde la planta al cabello.

Alvarado	¿Paga bien?

Carrillo	No paga mal.

Alvarado	¿Y es de Madrid?

Carrillo	Todo entero.

Alvarado	¿Y a qué ha venido al Toboso?

Carrillo	Preguntón de los infiernos,
deja el interrogatorio
que me has rompido los sesos.

(Vase.)

(Sale Don Juan.)

Don Juan	¿Era don Enrique?

Alvarado	Sí,

y el criado, que no es lerdo,
no me quiso decir nada
de su venida a este pueblo.

Don Juan

Él venga a lo que viniere,
porque estando yo contento
con la fortuna que logro
de ver que el rigor es menos
de Beatriz, nada me asusta.

Carrillo

Tú hallaste famoso medio
de introducirte en su casa
sin ningún impedimento.

Don Juan

Ello se vino rodado,
porque, desde que don Pedro
dio en tener conversación
y admitir nobles sujetos
aquestas Carnestolendas
para diversión del tiempo,
fácil fue el introducirme.

Alvarado

¿Y se te ha inclinado el viejo?

Don Juan

Para asegurarle más
y no sospeche que quiero
a Beatriz, he de fingir
que a Margarita festejo,
con que encubro mi designio.

Alvarado

¿Y si a Beatriz le das celos?

Don Juan

Mejor, que con eso entonces
sabré yo lo que la debo.

(Dentro Don Quijote y Sancho.)

Don Quijote — Hijo Sancho:

Sancho — Señor mío.

Don Juan — Mas, ¿qué escucho, qué es aquesto?

(Dentro.)

Don Quijote — ¿Qué tendrá aqueste caballo
que sin moverse de un paso
pasar no quiere adelante?

(Dentro.)

Sancho — Malambruno lo habrá hecho.

Don Juan — Vamos, que éste es don Quijote,
con su tema le dejemos.

(Vanse.)

(Salen Don Quijote con un rodelón y Sancho.)

Don Quijote — Vive Dios, Sancho, que traigo
apurado el sufrimiento,
pues cuando salir quería
del Toboso no hay remedio
de moverse Rocinante.

Sancho — Sin duda es encantamiento.
(Aparte.) (Gracias a mí que le até

ambos pies con el cabestro
de mi asno, porque siquiera
este día descansemos.)

Don Quijote
Alguna grande aventura
me aguarda.

Sancho
Así lo sospecho,
y pues Rocinante está
inmóvil, toma un refresco,
por tu vida.

Don Quijote
Come tú,
que no te afligen desvelos,
mientras yo me satisfago
de mis propios pensamientos.

(Dentro un Comisario.)

Comisario
Vayan en orden y espacio
si no quieren que los huesos
les muela con un garrote.

(Dentro.)

Galeote I
Señor Comisario, quedo,
que somos hombres de bien.

Comisario
¡Vive Dios, que si me apeo...!

Galeote II
No la tienda océ.

Galeote I
Ginés:
va de jácara y bureo.

(Dentro cantan.)

Cuatro son la erres
del que va a la mar:
ropa fuera, rasura,
reñir y remar.

Don Quijote

¿Qué gente es aquesta, Sancho?

Sancho

Señor, a lo que yo pienso
deben de ser galeotes,
pues viene una sarta de ellos
atados a una cadena,
e irán los pobres a un remo
forzados.

Don Quijote

¿Forzados?

Sancho

Sí,
por delitos que habrán hecho;
pero ya salen aquí.

(Salen unos galeotes atados a una cadena y un Comisariocon una escopeta.)

Comisario

Ya les digo que no demos
de comer al diablo; callen
y caminen.

Don Quijote

Dame el yelmo,
Sancho.

Sancho

Pues, ¿qué es lo que intenta,
señor don Quijote?

Don Quijote

Intento
a todo mi poderío

desfacer aqueste tuerto.

Sancho
Mire, por Dios, lo que hace.

Don Quijote
Sancho amigo, yo me entiendo.
Caballero, ¿por qué causa,
si es que agravio no os han hecho,
a aquestos pobres lleváis
forzados, tristes y presos,
y contra su voluntad?

Comisario
¿Qué espantajo es este, cielos?
¡Porque así lo manda el Rey!

Don Quijote
El Rey puede en ningún tiempo
forzar a los que son libres

Comisario
¿Hay tan grande majadero?
¿No veis que por sus delitos
van a bogar en un remo?

Don Quijote
¿Qué delitos?

Comisario
No lo sé,
mejor os lo dirán ellos
que tienen poca vergüenza.

Don Quijote
Decid, ¿por qué vais, mancebo?

Galeote I
Yo voy por enamorado.

Don Quijote
Si por eso vais, es cierto
que ha muchos años que yo
pudiera estar por lo mesmo.

Galeote I

El amor fue de una bolsa
que le quité a un avariento.

Comisario

Sin otras cosas que calla
el muy ladrón embustero.

Don Quijote

Y vos, mozo, ¿no diréis
por qué vais a este destierro?

Galeote II

Yo, por canario.

Comisario

Es verdad,
porque cantó en el tormento.

Don Quijote

Y vos, ¿por qué vais?

Galeote III

Señor,
figura de monumento,
denos alguna limosna,
y no nos ande moliendo
con saber vidas ajenas,
cuando nos basta el tormento
de ir forzados.

Don Quijote

¿Cómo qué?
Eso no será viviendo
don Quijote de la Mancha
el desfacedor de tuertos.
Yo, caballero, os suplico
con cortés comedimiento,
que deis libertad a todos,
y de no querer hacerlo
sabrá fenecer mi orgullo

lo que no consiga el ruego.

Comisario

Hombre o fantasma o quien eres,
¿estás en ti, pues los presos
que van por orden del Rey
quieres que suelte?

Don Quijote

No demos
voces, que lo que yo mando
al punto habéis de facello,
¡por vida de Dulcinea!
malandrín, follón, mostrenco!

Comisario

Eso será desta suerte,
vive Dios, que no dio fuego.

(Dispara la escopeta, y no dando fuego huye y síguele Don Quijote.)

Don Quijote

Ahora veréis, don sandio,
de aqueste brazo el aliento.

Galeote I

Quítanos esta cadena,
y todos juntos iremos
a socorrer a tu amo.

(Quítales Sancho la cadena.)

Sancho

No ha menester nada de eso,
que es hombre que a los gigantes
se traga como buñuelos;
ya estáis todos desatados.

(Sale Don Quijote por el otro lado.)

Don Quijote

Por Dios que anduvo discreto
el malandrín, porque va
que no le ha de alcanzar el viento
Ya todos libres estáis.

Galeote I

El grande libertador nuestro
viva, amigos.

Todos

¡Viva, viva!,
a sus plantas nos ponemos.

Don Quijote

Lo que habéis de hacer ahora
ya que a mi mando os tengo
es entrar en el lugar,
y ante el gran acatamiento
de la sin par Dulcinea
todos de rodillas puestos
decirle que allí os envía
su cautivo caballero
don Quijote de la Mancha
en señal de rendimiento,
para que de todos haga
a su talante.

Galeote I
(Aparte.)

¿Oyes, Pedro?
(Este hombre sin duda es loco.)

Galeote II

Dices bien, porque a no serlo,
¡quién en el mundo intentara
librarnos!

Galeote I

Seor caballero,
lo que voacé nos encarga
hiciéramos como truenos

todos juntos, mas ya sabe
el peligro manifiesto
en que estamos si nos busca
la Hermandad; antes queremos
irnos todos divididos
a emboscarnos y escondernos.
Esa señora Dulzaina
perdone, que no podemos
hasta escapar del peligro
andar en acatamientos.

Don Quijote ¿Cómo no, infame canalla?
Vive Dios que habéis de hacerlo,
ingrata turba; después
que en libertad os he puesto,
¿así respondéis?

Galeote I (Aparte.) (Amigos,
aquí no hay otro remedio
sino pedradas y a él.)

Galeote II En el mismo pensamiento
estaba yo; señor loco:
desta suerte respondemos
a sus amenazas.

(Éntranse como cogiendo piedras.)

Don Quijote Sancho,
sígueme que contra estos
bien me puedes ayudar
porque no son caballeros.

(Vase.)

Sancho

Señor don Quijote, mire
qué piedras están cogiendo;
no los siga.

(Éntrase Sancho como siguiendo a su amo.)

(Dentro.)

Don Quijote

¡Vil canalla!,
tan aleves instrumentos
no os han de valer.

(Dentro.)

Galeote I

Ahora
lo verá.

Sancho

Señor, cejemos,
mire que se viene abajo
el edificio del cielo.

(Dentro ruido de hondas y piedras.)

Don Quijote

Dame ese bálsamo, Sancho,
que mal ferido me siento.

Galeote II

Allá va esa peladilla.

Sancho

Las costillas me han deshecho.

Galeote I

Vayan ahora al Toboso
a contar este suceso
a la sin par Dulcinea.

(Salen Don Quijote y Sancho cayendo en el tablado cada uno por su parte.)

Don Quijote Herido estoy.

Sancho Yo estoy muerto,
señor don Quijote .

Don Quijote Sancho,
¿qué dices?

Sancho Estamos buenos,
pero yo tengo la culpa,
que me ando por vericuetos
siguiendo sus desatinos.

Don Quijote Sancho amigo, yo confieso
que de nuestra mala andanza
solo yo la culpa tengo,
pues, siendo villanos, no
me tocaba acometerlos;
tú pudiste, sin dejarme,
sacar la espada, irte a ellos
y vengarte muy a salvo.

Sancho (Aparte.) (Haráme perder el seso.)
Pues, si yendo usted conmigo
desta manera me han puesto,
¡qué hiciera si fuera solo?

Don Quijote Quizá te tuvieran miedo.

Sancho ¿Qué le importaba a la ilustre
Dulcinea el cumplimiento

de enviarle aquestos presentes,
pues por ella así nos vemos?;
que quemada la veo yo,
plegue a Dios.

Don Quijote

Calla, blasfemo,
no fables de mi señora
de esa suerte.

Sancho

Ya lo dejo.

Don Quijote

Lo que de aquesta batalla
más he sentido es que el yelmo
de Mambrino me abollaron.

Sancho

Muy linda alhaja, por cierto;
eso le aflige y no siente
la abolladura de huesos.

Don Quijote

Ayúdame a levantar,
porque alguna sangre vierto
de mis feridas, y tráeme
a Rocinante.

Sancho

Está enfermo.

Don Quijote

¿De qué?

Sancho

De algún mal de piedra
y boca arriba se ha puesto;
solo de aquesta tormenta
quedó libre mi jumento.

Don Quijote

¿Pues cómo?

Sancho

Porque le llevan
esos ladrones cuatreros.

Don Quijote

Muy malo estoy; vamos, Sancho.

Sancho

A que nos emplasten luego,
que bien será menester
cien bizmas.

Don Quijote

Yo te prometo
que de aquellos malandrines
te he de vengar, aunque el centro
de la tierra los esconda.

Sancho

Con que ya sé, por lo menos,
que así acaba sus hazañas
el ínclito caballero
don Quijote de la Mancha
el desfacedor de tuertos.

(Vanse y da fin la Primera Jornada.)

Fin

Personajes

Doña Beatriz
Doña Margarita
Inés, criada
Luisa, criada
Don Juan
Don Enrique
Don Pedro
Don Quijote
Sancho Panza
Sansón Carrasco
Alvarado, criado
Carrillo, criado
Tres matachines
Dos Dueñas
Un Salvaje

Jornada segunda
Juan Bautista Diamante

Salen Don Quijote y Sancho.

Sancho	¡Desventurado de mí!
Don Quijote	Amigo Sancho, ¿qué es eso?
Sancho	Esto no es más que tener molidos todos los huesos a cadenazos.
Don Quijote	A fe que yo no me siento menos fatigado de las muchas pedradas que llevé, pero consuélome con saber que esto es a mi oficio anejo, y que debo resistirlo siempre osado y siempre fiero, a pie, a caballo, desnudo y vestido a cualquier tiempo, pues a cumplir sus deberes estamos los caballeros andantes tan obligados, que por desfacer un tuerto, pisando abrojos y espinas, descalzos andar debemos, y aún con un sapo en la boca si lo demanda el empeño.
Sancho	¿Y los escuderos tienen esa obligación?

Don Quijote

Por cierto,
Sancho amigo, que no estoy
para responderte en ello
muy bien, mas discurro yo
que, debiendo un escudero
asistir a su señor,
habrá de andar por los mesmos
pasos.

Sancho

Y si una aventura
sale bien, que no lo espero
en vuesamerced jamás,
¿a quién toca del suceso
la gloria?

Don Quijote

A mí solamente.

Sancho

Y a mí que me ladren perros;
pero yo tengo la culpa,
porque arrímate a los buenos
dice el refrán, y más vale
pájaro en mano es muy cierto;
donde piensan que hay tocinos
no hay estacas.

Don Quijote

Y todo eso,
¿qué tiene que ver, maldito
seas, con lo que diciendo
estábamos? Ya te he dicho
que no ensartes, majadero,
tantos refranes.

Sancho

Señor,

yo que lo digo me entiendo;
pero esto dejado, ¿dónde
vamos, cuando en todo el cielo
no se ve ninguna estrella,
a peligro de que ciertos
guardas, a quienes quitamos
los galeotes, conocieron
a vuesamerced, la Santa
Hermandad, que de los fueros
de caballeros andantes
no tendrá conocimiento,
a vuesamerced y a mí
nos estire los pescuezos?

Don Quijote
No pienses indignidades
y sígueme, que yo creo
que una famosa aventura,
adonde todo mi esfuerzo
será muy bien menester,
se nos viene disponiendo,
y, si de ella salgo bien,
ten, hijo Sancho, por cierto
que una ínsula he de darte.

Sancho
¿En propiedad o en gobierno?

Don Quijote
En gobierno.

Sancho
Luego yo,
¿me ordenaré según eso
de Corregidor?

Don Quijote
Al punto.

Sancho — Quisiera saber, si de esto
vuesamerced no se enoja,
¿qué título darán luego
a Teresa mi mujer?

Don Quijote — Corregidora.

Sancho — Y es cierto,
y a Sanchica llamarán
todos los de nuestro pueblo
Corregidorica; pues
tenga entendido el barbero
Maestre Nicolás y el Cura
que si en chapines me veo
a todos mis insulanos
como un gerifalte tengo
de gobernar hasta el cabo;
no, si no métanme el dedo
verán si aprieto... mas digo,
¿que es menester para esto?

Don Quijote — Ser yo Emperador, o Rey
coronado por lo menos.

Sancho — Pues el Gobierno voló.

Don Quijote — En manos está el pandero
que lo sabrá bien tocar.

Sancho — ¿Y ese no es refrán?

Don Quijote — A tiempo
traído, un refrán ocupa,
Sancho, el lugar de un concepto.

Sancho	Dígame vuesamerced, pues parece que no veo principio de la aventura que aguarda, ¿cómo muy presto podrá ser vuesamerced Rey o Emperador?
Don Quijote	Dirélo, pues todo es de la materia, pero, ¿Rocinante?
Sancho	Al fresco llora allí las soledades del rucio, y yo me enternezco cada vez que se me acuerda que me le hurtó aquel perverso que vuesamerced quitó de la cadena...
Don Quijote	Confieso que hacer bien a los ingratos es desgracia, mas debemos obrar lo que yo obré cuantos profesan lo que profeso.
Sancho	¡Ay mi rucio!
Don Quijote	No te aflijas, que yo por él te prometo las tres borricas que en casa quedaron.
Sancho	Y yo lo acepto;

mal volvamos a saber:
¿cómo llega un caballero
andante a ser Rey?

Don Quijote

Escucha,
que de este modo está impreso:
Llega un caballero andante
a la corte de un supremo
Rey o Emperador, adonde
le conocen por sus fechos,
tiene guerra este tal
con otro, sírvele luego
el caballero en la guerra
al enemigo venciendo;
tiene este Rey una hija
y al punto se la da en premio
al caballero; muere él
hereda la Infanta y veslo
aquí que en cuatro palabras
queda Rey hecho y derecho,
haciendo Duque o Marques,
o Vizconde por lo menos,
a su escudero, y si acaso
no hay título vaco de estos,
de alguna ínsula no puede
faltarle nunca el gobierno.
Y así no hay sino esperar
a que suceda todo esto,
que o mal me han de andar los bolos
o he de ser Rey de Marruecos.

Sancho

Eso pido, señor mío,
y barras derechas, pero
vamos a ese reino al punto.

Don Quijote

No estamos, Sancho, muy lejos
de él, según se me trasluce.

Sancho

No, si es el Toboso reino,
porque dentro de él estamos.

Don Quijote

Muy fácilmente te veo
engañar a cada paso.

Sancho

Pues ¿qué engaño cabe en esto?
Aquella casa de enfrente
¿no es la casa de don Pedro
Usorio; y aquellos corrales
¿no son de Aldonza Lorenzo,
por otro nombre llamada
Dulcinea?

Don Quijote

¡Majadero!
la señora Dulcinea
has de decir.

Sancho

Digo eso,
pero en el Toboso estamos.

Don Quijote

¿Posible es que eso crees, necio?

Sancho

Pues, ¿qué tengo de creer?

Don Quijote

Sancho, cree lo que yo creo;
y si no dime: ¿no viste
a la luz do todo el cielo?
a la sin par Dulcinea,
cuando fuiste mandadero,

convertida en labradora
por señas del olor feo
y hombruno que me dijiste
que tenía?

Sancho

Y es tan cierto
como dos y dos son cuatro.

Don Quijote

Pues sabe que el embustero
de aquel sabio, mi enemigo,
a Dulcinea convirtiendo
en humilde labradora,
siendo ella por lo menos
hija de algún Arzobispo,
al Toboso hizo lo mismo
desfigurándole en Corte
por arte de encantamiento,
porque yo no pueda hacer
las diligencias que debo
en orden al desencanto;
y pruébase muy bien esto
en que tal vez me parece
que en doña Beatriz la veo,
tal en doña Margarita,
y aún (esto no has de creerlo)
ayer tarde me mudó
a Dulcinea en don Pedro:
esto hace Malambruno,
pero otro sabio que tengo
muy mi amigo, aunque yo nunca
le haya visto y si le veo
no le conoceré, anoche
se me presentó durmiendo
en forma de una tortuga,

y me dijo que aquí dentro
de esta ciudad encantada
hallaría mi remedio,
y yo vengo a ver, ¡oh, Sancho!
si hay dueños que no son dueños.

(A una reja Doña Beatriz y Doña Margarita.)

Beatriz El ruido de las armas
dice que es él, y deseo
divertirte tanto que
a costa de algún sereno
aquí te traigo a que veas
las locuras de este necio,
tal vez discreto y tal vez
loco y siempre majadero:
a cuyo fin los criados
de casa dispuestos dejo,
y este instrumento te traigo
para que principio demos,
como al gusto de escucharte
a la intención del suceso.
Canta algo, por tu vida,
que toque en sus devaneos.

Margarita Darte gusto es mi mayor
logro, pero te prometo
que suelen sus desatinos
divertirme, y así a un tiempo
haciendo lo que me mandas
lograré los dos intentos.

Don Quijote ¿Has oído, Sancho, hablar?

Sancho — Sí, señor, pero muy quedo

Don Quijote — Y ahora, ¿qué dirás?

Sancho — Que hablaron.

Don Quijote — No pregunto acerca de eso.

Sancho — Pues ¿acerca de qué?

Don Quijote — Acerca
de que es todo encantamiento.

Sancho — Dígame vuesa merced
¿háceles mal el sereno
a los encantados?

Don Quijote — No.

Sancho — Pues encantados tenemos,
que otra gente no quisiera
estarle helando en febrero.

Don Quijote — ¿Creeráslo ahora?

Sancho — De aquí a un poco
miraré bien si lo creo.

(Toca Margarita. A otra reja Inés y Luisa.)

Sancho — ¿También tienen instrumentos
los encantados?

Don Quijote — Escucha.

Luisa
Pues, Inés, principio demos
a lo que nos toca.

Inés
Aguarda
a que comiencen primero
nuestras amas.

Don Quijote
De aventura
somos, no hay sino buen pecho.

Margarita (Cantado.)
La cuitada Dulcinea,
nata del garbo manchego,
por negros de sus pecados
yace en triste cautiverio.
Encantóla aquel maldito
de Malambruno, a despecho
del valiente don Quijote,
desde los pies al cabello.
Ella llora y él se ríe,
sus desventuras sabiendo,
a él le coronan victorias
y a ella le papan duelos.
Que mal podrá una doncella
esperar de un caballero
que le deja en un encanto
que la saque de un empeño.
Vientos, si acaso le vierais
decidle que mi remedio
consiste en que algunos ratos
Sancho esté mal con sus huesos,
pues el día que se pegue,
saldré de mi encantamiento,
debajo de las espaldas

Sancho tres mil y trescientos.

(En la otra reja a Cuatro.)

Cuatro

¡Oh majaderos!
El amo loco y tonto el escudero.

Sancho

¿Azotarme yo?, pues digo:
¿soy yo su padre o su abuelo?
Así me daré yo seis
azotes como seiscientos;
si eso aguarda bien se puede
estar los años enteros
la señora Dulcinea
encantada; ese remedio
mi señor lo puede hacer.

Inés

Alma de cántaro, perro
desagradecido al pan
que comes, pregunto: ¿es bueno
que por tu melindre esté
una doncella en el cepo
de un encanto? Pagarás
la ingratitud, y muy presto.

Sancho

No hay que hablar, que no he de darme
ni un azote.

Don Quijote

Atado a un fresno,
corazón empedernido,
don Villano, con el freno
de Rocinante, si al punto
no empezáis el vapuleo,
os doblaré las paradas

dándoos seis mil y seiscientos.

Beatriz
Eso no ha de ser por fuerza
sino muy de grado, al tiempo
que le venga en voluntad
a Sancho, y él a sí mesmo
se ha de dar la disciplina,
que así Merlín lo ha dispuesto.

Sancho
Lo dicho, dicho.

Don Quijote
Y yo, Sancho,
vesme aquí, que a tus pies puesto
te lo pido de rodillas:
debate el mundo el consuelo
de darle la luz al mundo
en aquellos ojos negros,
que negros deben de ser
pues los tratan como perros;
haz esto por mí, que yo,
hijo Sancho, te prometo
que si a tu Teresa Panza
le aviene acontecimiento
semejante, por librarla
me los pegaré al momento.

Margarita
Notable locura.

Beatriz
Extraña.

Inés
Llegad vos el caballero
de alta guisa, que, obligada
de vuestros piadosos ruegos,
vos quiero fablar; dejad

a vuestro duro escudero,
que yo faré que le ablanden.

Sancho

Verdad debe de ser esto,
mas pegarme yo es mentira.

Don Quijote

Vos os miraréis en ello.

(Dentro.)

Inés

Hola, Inés.

Beatriz

Mi padre, amiga,
ha despertado, y no quiero
que menos me eche, además
de que ya de recogernos
es hora.

(Aparte.)

(Creí que don Juan
viniese a la calle, que esto
y la duda de su amor
a este sitio me trujeron
con Margarita.)

Margarita

No poco,
bella Beatriz, dejar siento
de ver el fin de esta burla.

(Aparte.)

(Miento, que lo que deseo
es ver si Enrique prosigue
en el alevoso intento
de enamorar a Beatriz.)

(Dentro.)

Inés

Hola Inés.

Margarita

Pero verélo
mañana.

Beatriz

Ven, que mañana
salir de mis dudas quiero.

(Vanse.)

Don Quijote

De la alta ventura mía,
fermosa señora, quedo
desvanecido además,
mas con mucho sentimiento
de que en mi mano no esté
sacaros de cautiverio;
y así rogadle a Merlín
que conmute el vapuleo
de Sancho en que haga batalla
con seis gigantes rifeos,
que por encima de todos
os sacaré a su despecho
del castillo y del encanto,
y si no puede ser esto
por lo menos le pedid
que se dé por satisfecho
de que os aproveche darme
yo los tres mil y trescientos,
que sin quitarme de aquí
uno sobre otro os prometo
dármelos tan bien pegados
que se cuenten desde lejos.

Inés

Tan agradecida estoy,
¡oh valeroso manchego!,

que os quiero favorecer
con mi mano, mas no puedo
por el encanto sacarla.

Don Quijote — Yo subiré por el viento
a lograr favor tan alto.

Luisa — ¿Que intentas?

Inés — Veráslo presto:
¿no llegáis?

Don Quijote — No, aunque me empeño.

Inés — Ayudadle, el escudero.

Don Quijote — Sancho, ponte aquí.

Sancho — Eso vaya,
pero azotes ni por pienso;
no cargue vuesamerced
tanto, mire que no puedo
tenerle.

Don Quijote — Sancho, paciencia.
Dadme la mano, mi cielo.

(Échale un cordel de manera que se reconozca que está colgado del brazo.)

Inés — Veisla ahí.

Don Quijote — No apretéis tanto.

Inés — Es mucho el amor que tengo.

(Aparte.) (Así no podrá impedir
a Carrasco.)

(Vanse.)

Don Quijote Estate quedo,
Sancho, por amor de Dios,
que si te quitas soy muerto,
pues con algunas tenazas
de la muñeca me asieron.

Sancho Pues yo no puedo sufrir
ya la carga.

(Salen Sansón Carrasco y otros tres vestidos de matachines con una manta en que pondrán a Sancho.)

Sansón Hola, escudero
pertinaz y mal criado.

Sancho Matachines del infierno,
¿qué me queréis?

Todos Ablandaros.

Sancho ¡Señor mío!

Don Quijote Yo no puedo
valerte, Sancho, que estoy
en un grandísimo aprieto.

Sancho ¿Qué me quieren?

Sansón Mantearte,

por tenaz y por perverso.

Uno
¡Vaya arriba!

Todos
¡Vaya arriba!

Don Quijote
Sancho, no hagas caso de eso,
que es encantamiento todo.

Sancho
Mal haya el encantamiento.

Sansón
¿Das palabra de pegarte
los azotes?

Sancho
No, por cierto.

Uno
¡Vaya arriba!

Todos
¡Vaya arriba!

Sancho
Desventurado escudero,
desde el vientre de tu madre
condenado a manteamientos.

Don Quijote
Basta ya, bruta canalla;
malandrina...

Sansón
¡Cómo es eso!
¿Pues mal hablado es el loco?
Dale recio...

Todos
Dale recio.

Don Quijote
Sea por ti, Dulcinea.

Sansón
Señor, no haga caso de eso
que es encantamiento todo.

Don Quijote
Así, Sancho, lo protesto
para no ser agraviado.

Sansón
Dale recio...

Todos
Dale recio.

(Dejan a Sancho y danle con unas vejigas grandes.)

Sancho
Basta, señores demonios,
que porque nos dejen quiero
darme los tres mil azotes

Todos
¿Ofréceslo?

Sancho
Yo lo ofrezco.

Don Quijote
Dios te lo pague, hijo Sancho,
Sancho honrado, Sancho bueno.

Sancho
Mas sea con condición
que si fueran de mosqueo
algunos han de pasar
por dados, y que los recios
han de valer cada uno
por dos, y que ha de ser esto
cuando me viniera gana,
como endenantes dijeron
sin limitación de días;
si así lo quieren...

Todos — Queremos.

Sancho — Pues déjenme aquí llorando
mis desventuras.

Todos — Laus Deo.

Sansón — Vamos, que falta dar fin
a la aventura.

(Vanse.)

Sancho — Por cierto,
que debe de haber diablos
devotos, y digo esto
porque dieron a Dios gracias
estos monos.

Don Quijote — Ese efecto
hizo la piedad que tú
mostraste en el desempeño
de azotarte; pero prueba
a levantarte que pienso
que este brazo se me arranca
de la espalda con el peso;
¡solíviame de los pies!

Sancho — Si menearme no puedo,
¿cómo he de soliviar
a vuesamerced?

(Sale Sansón Carrasco de gigante con barba.)

Sansón

Para eso
estoy yo aquí, flor y espuma
de los andantes guerreros.
Yo soy aquel sabio amigo
que, habiendo visto el exceso
de Malambruno, movido
a piedad a daros vengo
libertad; baja tú, y tú
levántate de ese suelo,
tú sin dolor de tu brazo,
y tú sano de tu cuerpo.

(Baja a Don Quijote y levanta a Sancho.)

(Cantado.)

Venid donde en blandas plumas
descanséis los dos, sabiendo
que lo visto y que lo oído
todo es cierto y todo incierto.
Cuanto ha sucedido fue
por obra de encantamiento,
que estas cosas no me pueden
mentir a mí que las vendo.
Del Toboso en los encantos
entrad los dos sin recelos,
tú libre de colgaduras,
seguro tú de manteos.
Aquí está la sin ventura
Dulcinea hecha un mostrenco,
y así estará hasta que Sancho
acabe su ofrecimiento.
Con ella sin conocerla
hablarás cada momento,
no te des por entendido
pues todos te dan por necio.

Para recibirnos, ya
las anchas puertas se abrieron,
entre el osado al peligro
y el cobarde huya del riesgo.

(Vase.)

Cuatro

¡Oh majaderos!
el amo loco y tonto el escudero.

Sancho

No entre, pese a mi linaje,
vuesamerced porque temo
que nos han de batanar
si nos cogen allá dentro.

Don Quijote

¿Cómo que no, si está allí
Dulcinea?

Sancho

Yo no pienso
entrar.

Don Quijote

Confíate, Sancho,
del mágico amigo nuestro,
que no nos puede faltar.

Sancho

A Rocinante llevemos.

Don Quijote

El sabio cuidará de él,
que con menos fundamento
cuando de Bretaña vino
Lanzarote, siendo un clueco,
doncellas cuidaron de él
como harán de mí aquí dentro,
y dueñas del su rocino,

siendo su rocino menos
que mi Rocinante.

Sancho
Vamos.

Don Quijote
Solo lo que te encomiendo
es que, en habiendo lugar,
te sacudas por lo menos
dos mil azotes a cuenta.

Sancho
Vamos, que ya lo veremos.

(Vanse.)

(Salen Don Juan de Ayala y su criado Alvarado por una puerta, y por otra Don Enrique y Carrillo.)

Carrillo
Don Juan es, señor.

Don Enrique
Volverme
intento por no encontralle;
mas dejarle en esta calle
siento... quiero detenerme.

Don Juan
¡Señor don Enrique!

Don Enrique
Así
me nombro.

Don Juan
Ya yo lo sé;
¿conocéisme?

Don Enrique
¿Qué os diré
que os esté mejor?

Don Juan — Que sí.

Don Enrique — Pues digo eso.

Don Juan — Claro está
que eso debéis responderme
pues os hizo conocerme
esta espada.

Alvarado — Malo va.

Don Enrique — Y según esa razón
vos también, señor don Juan,
me conoceréis.

Carrillo — Galván
no hiciera tal conclusión.

Don Juan — Sé que sois un caballero
con quien en Madrid reñí,
y con quien en el Toboso
haré lo que hice en Madrid.
La razón de nuestro duelo,
que os la quiero repetir,
fue la duda de si amáis
a Margarita o Beatriz.
Apartámonos entonces
sin poderlo decidir
allá, y con la misma causa
nos encontramos aquí.
Yo adoro a una de las dos,
y a cuál no os he de decir
sin saber a cuál amáis,

ni habré entonces porque a mí
no me da el amor más premio
que el de callar y sentir;
pero, porque no del todo
penséis que lo que me oís
es presunción y no queja,
sabed, Enrique, que vi
que a las dos miráis, y como
de vos no debo inferir,
siendo discreto, que a dos
a un tiempo el alma rendís,
cuando es para un amor solo
un alma estrecho país,
presumo también que a una
amáis y con otra fingís,
mintiendo el incierto a causa
del no incierto desmentir.
Yo traigo resolución,
Enrique, de no sufrir
más tiempo esta duda, vos
ved lo que a ella me decís,
porque no se gaste el tiempo
en preguntar de reñir.

Don Enrique

Por cierto, señor don Juan,
que a querer reconvenir
vuestra razón lo lograrà,
pues la causa que decís
que para sentir tenéis
tengo yo para sentir.
Que a Beatriz o Margarita
amo, de mí habéis de oír,
pero no que a Margarita,
ni tampoco que a Beatriz.

Vos sí (ya que habéis hablado
en cosa que presumí
no oír nunca, por el riesgo
de honor que ello trae en sí)
me habéis de decir a cuál
de estas dos damas servís,
pues siendo una la que amáis
son dos las que persuadís.

Alvarado — Malo se pone esto.

Carrillo — Falta
hace don Quijote aquí.

Don Juan — Mirad, don Enrique, bien
si en eso os resolvéis.

Don Enrique — Sí.

Don Juan — Esta casa es de don Pedro.

Don Enrique — ¿Y qué en eso me decís?

Don Juan — Que nos apartemos de ella
donde os debáis persuadir
a que lo que aquí calláis
será lo que allá decís.

Don Enrique — Vamos donde averigüéis
el engaño en que incurrís;
vuélvete a casa, Alvarado.

Don Juan — Pues no nos han de impedir,
viniéndose con nosotros

mejor me parece a mí,
que es embarazar que puedan
dar noticia.

Don Enrique — Bien decís.

Don Juan — Vamos por aquí, pues cerca
está el campo; por aquí.

(Sale Don Pedro Osorio.)

Don Pedro — ¿Dónde bueno, caballeros?

Carrillo — Esto se ha quedado así.

Don Juan — Disimular es forzoso.

Don Enrique — Ya lo veo.

Don Juan — A divertir,
señor don Pedro, la tarde
íbamos, mas si servir
en algo os podemos, nada
hay que nos pueda impedir
esta obligación.

Inés — Yo iba
a buscaros.

Los dos — ¿Qué decís?

Inés — Que a buscaros iba, puesto
que sea fácil inferir
que de las ocupaciones

que os hayan traído aquí
estéis desembarazados
por mandarlo el tiempo así.
Y ya que obligado esté
a procurar divertir
vuestra soledad, supuesto
que una vez principio di
a este intento, hoy que tenía
más ocasión presumí
no ser justo que faltéis
de mi casa, donde, a fin
de dar lo que es suyo al tiempo
de agasajar y servir
a Beatriz y Margarita,
tiene no sé que festín
la familia prevenido,
a quien da, según creí,
motivo este loco hidalgo
con su extraño frenesí.
Mas puesto que os encontré,
y que, según me decís,
divertiros fue el intento
que os traía por aquí,
entrad donde lo logréis
y donde me hagáis a mí
la merced de honrar mi casa.

Don Enrique — ¿Qué haremos?

Don Juan — ¿Qué?, desmentir
nuestro intento con no dar
que sospechar.

Don Enrique — Sea así.

Don Juan — Y no reñir ahora sea
por no dejar de reñir.

Inés — ¿Qué respondéis?

Los dos — Que el favor
aceptamos.

(Andan por el tablado.)

Don Pedro — Pues venid.
¡Hola, Carrasco!

(Sale Sansón Carrasco.)

Sansón — Señor.

Inés — Al mirador del jardín
guía a Enrique y a don Juan,
que yo me vuelvo a escribir
a mi cuarto, ya lograda
la intención con que salí.

Don Juan — Pues, ¿no os halláis en la fiesta?

Inés — Luego os iré yo a asistir;
y ahora perdonad, que tengo
que hacer un propio en Madrid;
quedad con Dios.

(Vase.)

Los dos — Él os guarde.

Sansón Vamos.

(Vase.)

(Doña Beatriz a una puerta y Margarita a otra.)

Beatriz Presumo que oí
la voz de don Juan aquí.

Margarita A Enrique he escuchado aquí.

Don Juan Ya esto mudó de semblante.

Don Enrique Pues vamos a proseguir
lo que comenzado estaba.

Beatriz Mucho hay que temer aquí.

Margarita Mucho aquí hay que recelar.

Don Juan Vamos.

Beatriz Estórbelo así.

Margarita Así lo embaraze.

(Ahora sale.)

Beatriz ¿Dónde,
señor don Juan, queréis ir?

(Sale ahora.)

Margarita
¿Dónde, señor don Enrique,
íbais?

Carrillo
Hoy no han de reñir.

Don Juan
No siendo (¡ay, Beatriz divina!)
hora aún de recibir
el favor que quiso hacernos
el señor don Pedro, (así
podremos disimular)
a don Enrique y a mí

Don Enrique
Pretendíamos hacer
lugar para prevenir,
sin la pensión de esperar,
el logro de conseguir.

Alvarado
No los dejes ir, señora.

Carrillo
No los consientas salir.

Don Juan
¡Carrillo!

Don Enrique
¡Alvarado!

Alvarado y Carrillo
¿Qué
mandas?

Don Juan y Don Enrique
Que te estés aquí.

Beatriz
Cierto salió mi temor.

Margarita
Bien el daño discurrí:
lograr una dicha, si es
dicha que os veáis aquí,
señor don Enrique, a costa
de esperar, no presumí
que pensión os pareciera.

Beatriz
Y aunque lo sea por mí,
señor don Juan, os suplico
que padezcáis, y advertid
que lo que no cuesta nada
no se agradece, y así,
para que mal no os parezca
lo que esperáis, prevenid
a la dicha de lograr
la paciencia de sufrir.

Don Juan
¿Qué podemos hacer?

Don Enrique
Nada
más que esperar a salir
de aquí
(Aparte.) (y, esforzando yo
que amo a la bella Beatriz,
veré si descubro algo).

Don Juan
Ya es forzoso que sea así
(Aparte.) (y yo, para averiguar
las dudas que traigo en mí,
cauteloso alentaré
que amo a Margarita).

Alvarado
Di,
¿qué sientes de esta pendencia?

Carrillo
Que no se ha definir
en esta jornada.

Alvarado
Debe
de haber importado así.

Margarita
Yo dispondré lance en que
averigüe si a Beatriz
ama Enrique.

Beatriz
Buscaré
algún modo de inquirir
si a Margarita don Juan
sirve. ¿No entráis?

Don Juan
Resistir
vuestro precepto es traición.

Beatriz
¡Qué bien lo sabéis fingir!

Don Juan
Mejor sé adorar.

Beatriz
¿A quién?

Don Juan
Preguntáoslo a vos.

Beatriz
¿A mí?

Don Juan
No me hagáis que lo que callo
me haga el despecho decir.

Beatriz
¡Ah, traidor!

Margarita ¿A qué aguardáis?

Don Enrique A obedeceros.

Margarita Venid.

Don Enrique Ya os sigo sin alma.

(Vanse Don Juan, Beatriz, Don Enrique y Margarita.)

(Dentro.)

Don Quijote ¡Sancho!

Sancho Eche, señor, por aquí
vuesamerced.

Carrillo Y nosotros,
para ayudar a reír,
con todos nos mezclaremos,
si te parece.

Alvarado Sea así.

(Vanse Carrillo y Alvarado.)

(Salen Don Quijote y Sancho.)

Don Quijote En aquesta soledad
que te ofrece la ocasión,
de aquella tunda es razón
que te pegues la mitad.
Retírate entre esos ramos,
y, sin que nadie lo vea,

de suerte que yo lo crea,
puedes comenzar.

Sancho

Jugamos.
Señor mío, esto ha de ser
cuando me viniere a cuento,
que estoy del manteamiento
que no me puedo tener.
Fuera de que en confesión
pienso que desde que entramos
aquí encantados estamos.

Don Quijote

No vas fuera de razón,
pero presto lo veremos.

(Dentro cajas y clarín.)

Sancho

Ya yo lo comienzo a oír.

Don Quijote

Sancho hermano, prevenir
las manos que obra tenemos.

(Al otro lado instrumentos músicos.)

Sancho

¿Quién causará aquel ruido
y esta música?

Don Quijote

Es usanza
en los encantados, Sancho,
que el sabio que los encanta,
como no comen ni beben,
los divierta con batallas
y músicas, que uno y otro
rumor son pastos del alma.

Sancho

Una tropa hacia nosotros
de caballeros y damas
se viene, y si no estoy ciego
yo conozco aquellas caras.

Don Quijote

No hagas caso de los ojos
en los encantos, y calla
si callaren los que vienen,
pero si hablaren habla,
que esto es lo que hacerse suele
en las casas encantadas,

Sancho

Estoy mirando...

Don Quijote

¿Qué miras?

Sancho

Si traen alguna manta
o algunas vejigas.

Don Quijote

No.

Sancho

Pues, de esa manera, vaya.

(Van saliendo Beatriz, Margarita, Inés, Don Juan, Don Enrique, y, haciendo cortesías a Don Quijote y a Sancho, se irán sentando, de suerte que Inés y Don Quijote queden en medio.)

Don Juan

¡Ay, soberana Beatriz!

Don Enrique

¡Ay, Margarita adorada!

Beatriz

En esta burla intentemos,
pues estamos declaradas,

averiguar este enigma
que igualmente nos agravia.

Margarita — Veamos qué asientos toman.

Don Juan — Finja así.

(Siéntanse Don Juan junto a Margarita y Don Enrique al lado de Beatriz y después de sentados, Inés, que traerá el rostro tapado, se vuelve a levantar y, tomando a Don Quijote de la mano, le sienta junto a sí; y Sancho se sienta en el suelo.)

Don Enrique — Deste modo haga
la desecha.

Beatriz — La primera
experiencia ya es contraria.

Don Quijote — Mi señora Dulcinea
debe de ser la tapada,
pues el Mágico, mi amigo,
dijo que aquí dentro estaba.

Sancho — Como no haya manta más,
que ninguno hable palabra.

Margarita — Sin mí estoy.

Beatriz — De ira reviento.

Margarita — Dejaré caer la banda,
pues la seña hizo Beatriz

(Deja caer una banda y arrójanse a ella Don Juan y Don Enrique.)

Don Juan Buena ocasión.

Don Enrique No levanta
favores que a mí me tocan,
ni tiene presunción tanta
nadie.

Don Juan Que os toque no sé,
pero sé que está esta banda
en mi mano (así le obligo),
y que ha de ser mía.

Beatriz Falta
que yo lo consienta, pues
siendo mía, aunque se caiga
a Margarita, en la parte
que la hallo puedo cobrarla;
¡soltad los dos!

Don Quijote (Empuñando la espada.) O los dos
seréis conmigo en batalla.

Beatriz ¡Soltad!

Los dos Perdonad.

(Sale Don Pedro Osorio.)

Don Pedro ¿Qué es esto?
¿Pues este ruido en mi casa?
¡Señor don Juan, don Enrique!

(Quédase con la banda Beatriz.)

Beatriz

Respondido, señor, te hallas
(así lo enmiende) de todos,
pues no ignoras lo que pasa,
viendo que esta prenda, sobre
que envidiosos litigaban
estos caballeros, es
y fue siempre destinada
para el señor don Quijote .

Don Quijote

Perdonad, fermosa dama,
que a vista de mi señora
no me resuelva a tomarla
sin que licencia me dé.

Inés

Tomadla, animal, tomadla,
porque no tenemos celos
las que estamos encantadas.

Inés

¡Que así me engañase yo!

Inés

Bien salió de la borrasca.

Inés

¡Ea, sentémonos todos,
señores!

(Siéntanse.)

Sancho

Para mis barbas,
si aquí hay maldito el encanto.

Don Juan

En la duda que me estaba
me estoy.

Don Enrique
Nada averigüé.

Beatriz
No hizo la experiencia nada.

Margarita
Quedóse así la sospecha.

(Dentro caja y pífano.)

Don Pedro
¿Qué es eso?

Don Quijote
Alguna demanda
parece, y lo es pues tenemos
escudero ya en campaña.

(Sale Carrillo en forma de enano con una barba muy grande.)

Carrillo
Dios guarde a vuesasmercedes:
Mi señora la Trifalda,
condesa de pelo en pecho,
mujer que a cuatro tiradas
no se atreverá ninguno
a desmentir por la barba,
habiendo oído que está
el andante de la Mancha
en este castillo, a vos,
el castellano, me manda
pedir licencia de entrar.

Inés
Decidle que entre.

Carrillo
Deo gracias.

(Vase.)

Sancho El enano es estudiante.

Don Quijote Cerca la ínsula anda,
Sancho.

Sancho Sí, señor, mas temo
que esté más cerca la manta.

Inés Atendamos si os parece,
señor don Quijote .

Don Quijote Vaya.

Cuatro (Cantan.) iAy, desdichada,
de esta trinca de pobres viejas barbadas!

(Sale Luisa vestida de dueña con barba, y otros dos que la acompañan de la misma manera.)

Luisa (Canta.) Yo soy, señor don Quijote,
aquella vieja Trifalda,
llamada así por las tres
basquiñas que me acompañan.
I labrá un hora no cabal
que apenas tenía barba,
y agora por mi desdicha
ya la peino luenga y blanca.
El traidor de Malambruno
desta manera me trata,
por el deseo que tiene
de entrar con vos en batalla.
Del modo que aquí nos veis
a las tristes malogradas,

quedan viejas y doncellas
en el reino de Cambaya.
Sed nuestro barbero, así
se vea desencantada
la señora Dulcinea
a costa de Sancho Panza.
Y, pues llega Clavileño,
amo y escudero partan
a esta barbada aventura
en la silla y en las ancas.
Pues si no partís al punto
por el aire a la demanda,
si non desfacéis el tuerto,
que lloren por vuestra causa.

(Cantan a Cuatro.)

Cuatro — ¡Ay, desdichada,
de esta trinca de pobres viejas barbadas!

(Acabando de cantar el estribillo, baja por una apariencia un caballo, y uno, vestido de salvaje, se apea.)

Salvaje — Sobre esta máquina suba
quien tuviere ánimo.

Sancho — Vaya
mi señor, que yo no tengo
ánimo por una gansa.

Luisa — Vos habéis de ir, y si no
triste de mí, desdichada.

Las dueñas — El escudero ha de ir,

¡vaya el escudero, vaya!

Don Quijote — Señora, ante vos postrado,
mi sujeción os demanda
licencia para partir
a esta aventura.

Inés — Tomadla,
y mi bendición con ella.

Don Quijote — Bueno es hallarme con armas;
¿con qué se rige este bruto?

Salvaje — Con esta clavija.

Don Quijote — ¡Hala,
Sancho!

Sancho — ¿Que yo tengo de ir?

Don Quijote — Estas señoras lo mandan.

Luisa — No perdáis tiempo, señores,
tened piedad de estas barbas.

Don Quijote — Ten ese estribo, que a ti
te pondrá luego a las ancas
este buen salvaje.

Luisa — Hola,
llevad la vista tapada,
porque no os desvanezcáis.

Don Quijote — Es prevención de importancia;

¿estás ya puesto?

(Tápase Don Quijote y pónese a caballo, y luego Sancho.)

Sancho — Ya estoy.

Don Quijote — Pues las manos en la masa
tengo ya de la aventura;
señora doña Trifalda,
yo os juro a Dios de dejaros
bien presto lisa la cara.
Y a ti, sin par Dulcinea,
o su sombra o su fantasma,
pues voy a ver a este perro,
yo te dejaré vengada,
y a ti, Sancho, sin azotes.
Ya hallé la clavija, vaya
por el aire Clavileño
hasta el reino de Cambaya.

Las dueñas — Dios te guíe, valeroso
manchego, contigo vaya
Dios, intrépido escudero,
que ya vais treinta mil varas
de la tierra.

Luisa — Tente bien,
Sancho, mira no te caigas,
que te bamboleas mucho.

(Vanse Las dueñas.)

(Sóplanles con unos fuelles grandes.)

Sancho ¡Tal aire hace!

Don Quijote ¡Que me arrancas
de la silla, majadero!
¡No aprietes tanto!

Sancho Mal haya
mi padre, señor, pues quiere
vuesamerced que me caiga,
que hace un aire que me lleva.

Don Quijote Sancho, de este aire es la causa
que estamos en su región,
y no sé como templara
esta clavija que temo,
según el caballo larga,
que nos suba a la región
del fuego.

(Ándanles con estopas encendidas alrededor de los rostros.)

Sancho Y es cosa clara
que por este lado a mí
se me chamuscan las barbas.

Inés Más lástima hace que risa
de estos simples la ignorancia.

Carrillo Pues vamos para que a nadie
hallen aquí, y acabada
crean la aventura ha dado
fin, dejando aquí esta lanza,
a prevenir otras burlas
con que os diviertan mañana.

(Pone una lanza en el suelo clavada, de que penderá un letrero.)

Don Pedro — Bien dice Carrasco; vamos,
os dejaré en las posadas.

(Vanse todos.)

(Suena dentro ruido de truenos, vuela Clavileño cayendo Don Quijote y Sancho, que se destaparán.)

Sancho — La región es del infierno
esta.

Don Quijote — Clavileño, aguarda,
que me arrojas de la silla.

Sancho — Ay, pobres de mis espaldas.

Don Quijote — Este es el mismo jardín
de endenantes, y una lanza
está aquí clavada, en quien
está esta letra colgada:
«Venció el Manchego, y por él
quedan las viejas sin barbas.»

(Dentro.)

Carrillo — Entrad donde halléis el triunfo
de la vitoria pasada.

Don Quijote — Vamos, y sin discurrir.

Sancho — Eso es lo mejor.

Don Quijote

Mañana
sabremos, Sancho, si tienes
que lidiar con tus posadas.

Fin

Personajes

Doña Beatriz
Doña Margarita
Inés, criada de Doña Beatriz
Luisa, criada de Doña Margarita
Don Juan
Don Enrique
Don Pedro, padre de Doña Beatriz
Un Muchacho, criado suyo
Don Quijote
Sancho Panza
Sansón Carrasco
Alvarado, criado de Don Juan
Carrillo, criado de Don Enrique
Un Ventero
Maese Pedro, titiritero

Jornada tercera
Juan Vélez de Guevara

Sale el Ventero y Maese Pedro.

Ventero
¿Maese Pedro, por acá
otra vez?

Maese
Como esta venta
en la mitad de la Mancha
está, ya días que en ella
de lugar en lugar ando
de racional sanguijuela,
chupando todas las bolsas
de la hermosa Melisendra
en el curioso retablo,
y con la extraña agudeza
del mono adivino ha sido
el volver a veros fuerza.

Ventero
Maese Pedro, ¿y cómo está
el mono?

Maese
Allá en Valdepeñas
me le traspasaron de ojo,
saludómele una vieja
en el Viso y todavía
está peor que quisiera.

Ventero
¿Y dónde viene el retablo?

Maese
En un carro que muy cerca
le dejé por prevenir
posada.

Ventero — Aunque no la hubiera
para vos no faltaría,
y hay mucha gente y es buena
ocasión en que logréis
las habilidades vuestras.

Maese — Como se saque la costa
yo haré que el retablo vean.

(Salen Don Quijote y Sancho.)

Don Quijote — ¿Has dejado a Rocinante
acomodado?

Sancho — Ya queda
en el establo, señor,
comiendo con mucha flema
su gigote de cebada
y de paja su menestra.

Don Quijote — Para un caballero andante
no han parido otro las yeguas.

Sancho — Aquello de Clavileño
y la manta de Palencia,
colgarte sin ser tu día,
molerme sin ser mi suegra,
aquella maldita casa
no fue, no, como la cueva
de Montesinos, que allí
nos pegaron brava felpa,
y lo de la cueva pienso
que no es tanto como cuenta

vuesamerced.

Don Quijote

Verdad es,
Sancho, que en sustancia luenga
vi prodigios.

Sancho

Los prodigios
también los ve quien los sueña.

Maese

Yo voy a dar prisa al carro.

Ventero

Maese Pedro, enhorabuena,
y procurad abreviar.

Maese

Pues adiós, hasta la vuelta.

(Vase.)

Don Quijote

¿Quién es ese Maese Pedro?

Ventero

Señor don Quijote, sea
vuesamerced bienvenido
a esta su casa, que llega
hoy a buen tiempo, si acaso
entretenerse desea,
que éste es un hombre famoso
que con gran novedad muestra
la historia famosa de
Gaiferos y Melisendra,
y, si no trujera malo
del achaque de una tuerta
al mono adivinador,
aun fuera mejor la fiesta.

Don Quijote — Mono adivinador, ¿cómo?

Ventero — No las cosas venideras
adivina, en las pasadas
habla y alguna vez yerra.

Sancho — Pues yo sin ser animal
hacer lo mismo pudiera.

(Sale Maese Pedro y, viendo a Don Quijote, se hinca delante de él de rodillas.)

Maese — Ya ha llegado el carro.

Ventero — Bueno.

Maese — Pero mi atención que espera
las piernas a vuestros pies
abrazo, como si fueran
de Hércules las dos columnas,
y no con menores fuerzas,
¡oh nunca bastantemente
alabado de la lengua
de la fama, y siempre asaz
digno de memoria eterna,
don Quijote de la Mancha!,
que es la mayor excelencia,
resucitador insigne
de la ya entre olvidos muerta
andante Caballería,
porque en vos amparo tengan
los desmayados alientos,
las afligidas bellezas,
los ofendidos sin causa
y, los ascos de la tierra.

Don Quijote

¿En qué me habéis conocido?

Sancho

¡Qué brava pregunta es esa!
Habráselo dicho el mono,
que, según lo que nos cuentan,
un mono adivinador
sabrá más que las culebras.

Maese

Y ¡oh tú, honrado Sancho Panza!,
que eres por mar y por tierra
el más dichoso escudero,
pues seguir siempre deseas
al caballero más bravo
que hay desde Almagro a Vallecas.

Sancho

Si acaso tenéis del mono
enfermedades y ausencias,
aunque cueste un par de reales,
decidme, por vida vuestra:
¿qué hace mi Teresa Panza
a estas horas en su aldea?

Maese

Por el señor don Quijote
no digo esa bagatela,
si no el retablo de balde
he de enseñar en la venta.
Y cerca de esa pregunta
digo, Sancho, que Teresa,
si no lo habéis por enojo,
rastrillando está, por señas
que tiene lleno de vino
un jarro a la mano izquierda.

Sancho
Es verdad que siempre a tragos
hace todas sus haciendas.

Maese
Y para que su merced
algún tanto se entretenga,
a componer el retablo
voy, y luego saldrá fuera
el muchacho que declara
todo lo que en él se encierra.

(Vase.)

Don Quijote
El agasajo os estimo.

Ventero
Pues vuesamerced me crea
que es muy de ver el retablo.

Don Quijote
Pues que no hay cosa que pueda
embarazar mi dictamen,
que su agasajo me venza
no es mucho, porque no es ocio
el ocio que no es pereza.

(Sale el titeretero con una guitarra, y se descubre un teatro de títeres.)

Muchacho
La obra se empezará
si vuesasmercedes se sientan.

Don Quijote
No quede por eso.

Ventero
Sancho,
hoy te has de holgar por sesenta.

Sancho
Si me diera alguna cosa

la señora Melisendra.

(Toquen chirimías y atabales y disparen cohetes.)

Muchacho (Toca y canta.)

Aire bullicioso,
suave y manso,
si de Madrid vienes
dame un abrazo.

(Aparezca en lo alto del teatro de los títeres Melisendra, y diga el Muchacho:)

Muchacho (Representa.)

Asomada a una ventana
del Alcázar de Sansueña,
adonde estaba cautiva
la señora Melisendra,
el camino de París
mirando estaba con pena,
cuando miró un caballero
que disfrazado se acerca
al balcón donde ella estaba,
que le conoció por señas.
(Haciendo señas.) Era el gallardo Gaiferos
que desde Francia por vella
a rescatalla venía
con tres pies a la francesa.
Hízola su cortesía,
con cambray respondió ella,

(Saque un lienzo la Títera.)

que el agasajo del lienzo
se usa desde Melisendra.

Díjola cómo venía
a llevársela a su tierra,
aunque más que longanizas
moros estorbarlo quieran.
Ella temió como hombre
por las guardas que la cercan;
«-De esa ventana te arroja
pues que mis brazos te esperan,
la dijo, y si te matares
a Dios le darás la cuenta.»
Ella, que el ser arrojada
lo tuvo desde pequeña,
dijo: «¡agua va!, y no se aparten

(Arrójese y quede pendiente del verdugado.)

porque cae mucha belleza».
Pero, ¡ay, Dios!, que el verdugado
se le ha asido de una almena;
con lo que tira Gaiferos
y con lo que pesa ella
se desasió, a costa de
mucha barba de ballena.
En los brazos de Gaiferos

(Todo se haga como se dice.)

cayó como una cordera,
en su caballo la pone,
y para escapar apriesa
sin que le sientan los moros
picó como una pimienta.
Pero un moro corcovado,

(Sale el moro en la almena.)

que todo cuanto hay acecha
con lo torcido, barbero
con bacías y sin tienda,
aviso dio luego al rey,
(Sale el Rey moro.) que manda con gran presteza
salir quinientos caballos
(Toquen al arma.) para quitarle la presa.

Sancho

Quiera Dios que con los moros
esta señora no vuelva
a estar, en la duda de
si reniega o no reniega.

Muchacho

¡Oh, cuanta caballería

(Sale mucha caballería.)

por darles alcance intenta
beber los vientos!

Sancho

Mejor
un trago de vino fuera.

Muchacho

Que los han de alcanzar temo,
Dios los libre y los defienda.

Don Quijote

(Levantándose y sacando la espada.)
No consentiré en mis días
que le hagan en mi presencia
superchería tamaña
aquesta morisma perra
a hombre de tanta guisa,

y así el ampararle es fuerza;
¡al arma, moros, al arma!
¡Cierra España, guerra, guerra!

(Embiste con el teatro de los títeres.)

Muchacho — El demonio que le espere.

(Vase.)

Don Quijote — Canes, temed mi violencia;
ya en vuestra ayuda, Gaiferos,
mi espada está.

(Dentro.)

Maese — ¡Ay, mi cabeza!

Sancho — No dejará moro a vida.

Ventero — Maese Pedro, la ha hecho buena.

(Sale Maese Pedro con un paño en la cabeza.)

Maese — Señor don Quijote, mire
que es destruirme la hacienda,
porque aquestos no son moros
por más que se lo parezcan,
sino figuras de pasta.

Don Quijote — Estos mágicos me truecan
desta suerte las hazañas
para que no lo parezcan.

Maese

Cuanto de comer me daba,
su merced me echó por tierra
pues ya están las más figuras
cual sin pies, cual sin cabeza,
y ha sido tanto el destrozo
que hasta doña Melisendra
tiene cortada la cara.

Sancho

Ay, Dios, y lo que me pesa,
que no han de ser descaradas
señoras de tantas prendas.

Ventero

Notable victoria ha sido.

Maese

Ahora le dais con esa,
después de haberme dejado
con su cólera por puertas.

Don Quijote

Quisiera tener delante
a cuantos negar intentan
la andante caballería,
no más que para que vieran
qué haría el buen don Gaiferos,
que iba con su esposa bella
de tantos moros cercado,
si no hallara mi defensa.

Maese

¿Y qué haré yo sin mis pobres
títeres?

Don Quijote

Títeres eran
lo que a los dos persiguen
el valor que en mí se encierra.

Ventero ¿Qué importa, si vuestros hechos
acreditaros desean?

Sancho ¿Cuánto os habrá hecho de daño?

Maese Más de lo que yo quisiera.

Don Quijote Mas yo espero que algún día
con mis hazañas le venzan.

Sancho Vuesamerced se reporte,
y, pues es cristiano, advierta
que ha destruido a ese hombre
con su enojo.

Don Quijote ¿Cómo?

Sancho Si era
su manera de vivir
el tener sanas y buenas
estas figuritas, y hoy
por su mercé están deshechas,
¿no es haberle destruido?

Maese Solo la de Melisendra
valía cualquier dinero.

Sancho Cierto que era linda pieza.

Maese Con los primeros papeles
alborotó esta Cuaresma
a Madrid.

Don Quijote Pues que los hados

se conjuran en mi ofensa,
dale, Sancho, a aquese hombre
por lo que yo...

(Dentro.) Tente, espera.

Una mujer ¡Valedme, cielos!

Don Quijote ¿Qué voz
tan cerca de mí se queja?
Yo la voy a socorrer,
que quizás será princesa
que llevan robada.

Sancho No es
sino un carro que se vuelca.

Don Quijote Saca a Rocinante aprisa:
ya voy en vuestra defensa
a pesar de malandrines.

(Vase.)

Sancho Aderece como pueda
las figuras, que esta vez
no hay sino tener paciencia.

(Vase.)

Maese Quien se mete con un loco
este galardón espera.

(Vase.)

Ventero Los caballeros andantes

no pagan, pero aporrean.

(Vase.)

(Salen Don Juan y Don Enrique.)

Don Enrique

¿Para qué tan apartado
del lugar me habéis traído?
Porque para haber reñido
ya tiempo nos ha sobrado.
¿Qué intenta la confusión
que en vos me da que advertir?

Don Juan

Ya sabéis que han de venir
a tomar por diversión
de aquestas Carnestolendas
este sitio Margarita
y Beatriz, y solicita,
por dar fin a las contiendas,
mi atención que antes queden
con hermosura y rigor
más soles con su esplendor
que sombras con su desdén.
Mi resolución acuda
para que no crezca el daño
a deshacer un engaño
que ha ocasionado una duda.

Don Enrique

Si de la que yo he tenido
consigo alguna evidencia,
don Juan, vuestra diligencia
para los dos habrá sido,
que he llegado a presumir
(qué locura) en mi pesar

el querer disimular
lo que no puedo sufrir.

Don Juan

Pues siendo así de una vez
podrá salir el desvelo
de que confunda el recelo
el agrado y la esquivez.

Don Enrique

Según eso, ¿qué intentáis?

Don Juan

Ya sabéis que nuestro amor
para lograrlo mejor,
pero si no lo ignoráis
referirlo es excusado,
bien que lo que en apariencia
pudiera ser conveniencia
a ser peligro ha pasado.
Que aunque finja una fineza
porque a un recelo deslumbre,
bien hallada en la costumbre
podrá ser naturaleza.
Y así el temor que lo mira
quiere ver con claridad
si engañáis a la verdad,
o engañáis a la mentira.

Don Enrique

Lo mismo saber quisiera
de vos, mas ni a vos ni a mí
nos está bien, porque aquí
satisfacción pareciera.
Y las palabras se esconden
de los duelos en las juntas,
que en el campo a las peguntas
los aceros las responden.

Don Juan

Si ese partido tomáis
declararos pretendéis,
pues sin duda defendéis
lo mismo que ejecutáis.

Don Enrique

No lo digo por mejor,
sino porque es necedad
que aquí apele a la verdad
el que es pleito del valor.

Don Juan

Pues hallaréis en el mío
resistencia muy bastante.

(Sacan las espadas y riñen.)

Don Enrique

Pues creed que no se espante
de vuestro aliento mi brío.

(Dentro.)

Margarita

Don Enrique y don Juan son.

(Dentro.)

Beatriz

Sansón, estórbelo aprisa.

Sansón (Saliendo.)

En ocasión tan precisa
harélo como un Sansón:
deteneos, caballeros.

Don Juan

No a ese partido me doy.

(Riñendo.)

Don Enrique — Ni yo.

Sansón — Aunque escudero, soy
honra de los escuderos,
y el que no se dé a partido
tendrá mi espada en su ofensa.

Don Juan — No me estorba esa defensa.

(Salen Beatriz, Margarita, Inés y Luisa, entrando por el medio.)

Beatriz — ¿Qué locura os ha movido
a ensangrentar el coraje
siendo amigos?

Margarita — ¿Qué razón
a vuestra conforme unión
la obliga a mudar el traje?

Don Juan — Una sospecha.

Don Enrique — Un recelo.

Don Juan — Del brío encendió las llamas,
mas delante de las damas
si no es cortesano el duelo
suspenderle será bien.

(Envaine.)

Don Enrique — Sí, que tiempo habrá mejor.

(Envaine.)

Beatriz

No ha de pagar el temor
nuestro que en los dos estén
los bríos acreditados,
pues es la demostración
contra nuestra estimación;
y ya que vuestros cuidados,
siguiendo de amor los fueros,
recatan las alegrías,
lo que callan las porfías
no lo digan los aceros.

Margarita

No es en amor extrañeza
que quien obligar procura,
si la fineza aventura
aventure la fineza.
Y así es bien considerar
que en tan loco proceder,
en echarnos a perder,
¿qué vais los dos a ganar?

Don Juan

En la duda de un recelo
que ser engaño ha podido,
ya sé que el haber reñido
deja satisfecho el duelo.
Pero no se satisface
la pena, siendo la pena
la que a dudar me condena,
pues de aquesta causa nace.

Don Enrique

En mí lo mismo milita,
y, pues ya están declarados
que asisten nuestros cuidados
a Beatriz y a Margarita,

solo a nuestra voluntad
le falta la distinción,
porque no esté en la atención
sospechosa la verdad.

Sansón — También falta que ajustados
quedéis en lo sucedido,
que a un manchego mal sufrido
le sobran esos cuidados.
Son de aquestos requilorios,
siguiendo de amor las frases,
tiquismiques y tristrases,
y así Luisa...

Luisa — Ya te entiendo,
que, fingiendo y adorando,
los dos nos están matando.

Inés — Sí que nos están moliendo.

Beatriz — Ya que el duelo está ajustado,
declaradnos la ocasión
de esta determinación.

Margarita (Aparte.) — (¡Oh, si saldrá mi cuidado
de saber si don Enrique
por Beatriz no abandonó
mi fineza, porque yo
de una vez mi amor explique!)

Beatriz (Aparte.) — (¡Que se sujete mi altiva
condición a padecer
los peligros del temer
sin valerme el ser esquiva!)

Margarita
Declárese la pasión.

Beatriz
No esté el empeño dudoso.

Don Juan
Yo amante, yo receloso

Don Enrique
Yo con firme adoración
sigo...

Don Juan
Busco...

Don Enrique
Adoro...

Don Juan
Quiero...

Don Enrique
El más bello.

Don Juan
El más divino.

(Sale Don Quijote .)

Don Quijote
La herida del vizcaíno
no ha de entenderla el barbero.

Don Enrique
Ya explicarnos será en vano.

Beatriz
¡Qué mal mi pesar se vence!

Don Quijote
Que él la recibió en vascuence
dándosela en castellano.
Mas ¿qué soberano albor
hace asaz en mis antojos
más agradable a los ojos

el animado esplendor?
Pues han llegado a mirar
mis bien hadadas venturas
tan buen par de fermosuras,
más fermosuras sin par.
Altaneras a porfía
sois, y parecéis tan bien,
que solo vuestro desdén
puede causar alegría.
Y siempre mi voluntad
duda de las dos cuál sea
la señora Dulcinea,
prez de toda la beldad.
Declaraos, porque rendido
traiga a mi amante cuidado,
en habiéndole curado,
un vizcaíno que he herido;
que llevaba una belleza
robada, y en singular
batalla de par en par
le abrí toda la cabeza.
Porque en mis hazañas cuente
que tienen sin que se extrañe
valor que las acompañe
y deidad que las aumente.

Don Juan — ¡Que a este tiempo haya venido!

Beatriz — Que este loco haya estorbado...

Margarita — Desvanecer un cuidado...

Don Enrique — En el alma mal sufrido.

Sansón

Pues don Quijote está aquí
él lo dejará ajustado,
y desde aquel arroyuelo
veré en lo que para el carro.

(Vase.)

Don Quijote

¿De qué os habéis suspendido?
Si por dicha embarazaros
quieren estos caballeros
de sus designios llevados,
¿para cuándo es el valor
y para qué se hizo el campo?

Luisa

No entiende el hombre de filis.

Inés

El don Quijote es un rayo.

Don Juan

Disimular es forzoso.

Don Enrique

¿No es mejor atropellallo
para que más sus locuras
no nos sirvan de embarazo?

Don Juan

Que demos la muerte a un loco
será del valor agravio,
y mirad cuál quedaremos
si sucede lo contrario.

Don Quijote

Decid si os hacen algún
sinfavor o desacato,
que mi profesión no sufre
tuertos de aquese tamaño;
que basta que pueda ser

cualquiera el divino aplauso
de mi atención, para hacer
en su servicio milagros.
¿Qué respondéis?

Margarita
¿Hay tal hombre?

Inés
¿No dirás hay tal pelmazo?

Don Juan
Todos, señor don Quijote,
a vuestra obediencia estamos.

Don Enrique
Y el seguir a estas señoras
cortesía es, no cuidado.

Don Quijote
¿Y qué dicen del amor
los siempre dulces encantos?

Beatriz
¿Qué haremos? Enfurecelle
es riesgo, desengañallo
no es fácil, pues divertille
a costa de un embarazo
es bobería...

Inés
Yo quiero
de esa confusión sacaros
burlando su loco tema.

Margarita
¿Con qué?

Inés
Con lo que trazado
para holgarnos esta tarde
tenía entre aquellos ramos,
ya que son Carnestolendas

a uso de Madrid.

Luisa
El diablo
es esta Inesilla.

Beatriz
Pues
ejecútalo.

Inés
Entre tanto,
traedle bien por el cerro
a este vinagre la mano.

(Vase.)

Beatriz
Las dos, señor don Quijote,
agradecidas estamos
al favor que nos hacéis.

Don Quijote
Serviros no es agasajo,
pues siendo deuda serviros
no hago mucho si lo pago.

Margarita
Vos obráis como tan noble,
tan atento y tan bizarro.

Don Enrique
¿En qué parará este estorbo?

Don Juan
En hacer más mi cuidado.

(Sale Inés despavorida.)

Inés
¡Ay, qué monstruo, ay, qué fiereza,
San Anselmo, San Hilario!

Beatriz	¿Qué tienes?
Inés	No estoy en mí.
Margarita	¿Qué te han hecho?
Inés	Mil pedazos.
Don Juan	¿Quién?
Inés	Un diablito pequeño.
Don Enrique	¿Cuándo ha sido?
Inés	No sé cuando.
Luisa	¿Pues cómo?
Inés	No acierto a hablar.
Don Quijote	¿Hante hecho algún agravio?
Inés	Asustarme que es contento.
Beatriz	¿Qué has visto?
Inés	Un gallo encantado.
Don Quijote	¡Gallo encantado!, ¿qué dices?
Inés	Atrevido como un diablo, mas bravo que un no se como, y más fiero que otro tanto.

Don Quijote — Para mí es esta aventura.

Inés — Y dice cacareando
que ha de ver el que le venza
el verdadero retrato
de la dama a quien sirviere.

Don Quijote — Yo lograré bien tamaño;
¿adónde está?

Inés — En aquel hoyo,
y saca de cuando en cuando
la cresta, dando bramidos
como un toro de diez años.

Don Quijote — ¡Ya le he visto, ya le he visto!

Don Juan — Pues en vuestra ayuda estamos.

Don Quijote — Yo no he menester ayuda.

Don Enrique — Servirá para el aplauso.

Don Quijote — ¡Aguarda monstruo!

Inés — Esperad,
que es condición del encanto
que ha menester quien le venza
llevar los ojos vendados.

Don Quijote — Ya en otra ocasión lo he visto.

Inés — Yo no había de engañaros.

Don Quijote
Pues vendadme, que estas cosas
las acierto a ojos cerrados.

(Saque Inés un lienzo y véndele.)

Inés
Yo os vendaré de manera
que no veáis el engaño.

Beatriz
¿Hay tan extraño sujeto?

Margarita
¡Qué locura de hombre!

Luisa
Es chasco.

Don Quijote
Contra este gallo, señora
Dulcinea, vuestro amparo
invoco, y también me valga
la primer Misa del Gallo.

Inés
Seguidme todos.

(Vase.)

Don Juan
Con esto
saldremos de este embarazo.

(Vase.)

Don Enrique
¡Ay, amor, lo que me cuestas!

(Vase.)

Luisa
La Inesilla es lindo trasto.

Margarita — Ven, Beatriz.

Beatriz — También nosotras
saldremos de nuestro encanto.

(Vanse y queda Don Quijote tirando cuchilladas.)

Don Quijote — Por más que Mágicos quieran
resistir mi fuerte brazo,
te he de vencer.

(Vaya saliendo Sancho.)

Sancho — ¿Qué será
lo que está haciendo mi amo?
Vendados tiene los ojos.

Don Quijote — ¿Dónde estás que no te hallo?

(Tire un golpe y dé a Sancho, y cae en el suelo.)

Sancho — ¡Ay, que me ha muerto!

Don Quijote — Vencí,
ya veré de amor el pasmo.

Sancho — Y yo veré las estrellas
con el golpe que me ha dado.

Don Quijote — La venda quiero quitarme,
¡oh siempre más soberano
prodigio de la hermosura
y nunca asaz alabado!
(Envaine la espada.) ¡Cómo en tosco traje embozas

lo divino de tus rayos!

Sancho — Linda gracia es requebrarme
después de haberme matado.

Don Quijote — ¿Cómo el influjo celeste
niegas a aqueste tu esclavo?

(Levantándose.)

Sancho — Más es peste que refugio
lo que en su merced he hallado,
pues se me pegó tan bien.

Don Quijote — ¿Quién eres?

Sancho — ¿Si está borracho?
¿No echa de ver su merced
que soy su escudero Sancho?

Don Quijote — ¿Qué se hizo el monstruo Lerneo?

Sancho — El harnero está en mis cascos,
que sin duda es el gobierno
que su merced me ha mandado.

Don Quijote — Estos sabios me persiguen,
mas presto, si no me engaño,
triunfaré de su ojeriza
con los gigantes que al paso
se ofrecen.

Sancho — ¿Gigantes, dónde?

Don Quijote
¿No los miras tremolando
las mazas de hierro al aire?

(Descúbrese un molino de viento moviendo las aspas.)

Sancho
Ni son mazas ni son mazos;
de unos molinos de viento
las aspas se están meneando.

Don Quijote
Tú no entiendes de gigantes,
vienen así disfrazados,
y hoy en desigual batalla
los he de vencer, logrando
del despojo la riqueza.

Sancho
Mira que vas engañado.

Don Quijote
Pues que solo para mí
está prevenido el lauro,
si tienes pavor aguarda
el suceso retirado.

(Sacando la espada embiste con el molino.)

Esperar, viles criaturas,
que solo mi altivo brazo,
a pesar de nuestro orgullo,
os ha de vencer osado.

Sancho
Para molelle los huesos
aire se levanta malo;
mas... ¡qué miro, Dios te valga!

(Coja a Don Quijote un aspa y arrójele en el suelo.)

Don Quijote — Vencísteme, Traquitantos.

Sancho — ¡Qué traquigrafos, ni alforjas,
qué gigante, ni qué enano!,
sino un molino de viento
como el que tiene en los cascos
su merced.

Don Quijote — Me desfiguran
los triunfos mis adversarios.
¡Ah, Frestón!

Sancho — ¿Quién es Frisón?

Don Quijote — Es un mi enemigo sabio,
que con malas artes busca
mi mal.

Sancho — El que le hace el daño
a su merced, es su tema.

Don Quijote — Tú no sabes los extraños
rumbos de las aventuras.

Sancho — Si me han de costar tan caro
para qué quiero saberlo.

Don Quijote — Ayúdame, amigo Sancho.

(Ayúdale a levantar.)

Sancho — Si no puedes levantarte
yo te pondré en el caballo.

Don Quijote — Mejor para la caída
es que a pie al lugar nos vamos

Sancho — Vamos muy en hora buena.

Don Quijote — ¡Oh, bella señora, cuándo
te dolerás de un rendido!

Sancho — Cuando usted de aquí esté sano.

(Vanse, arrimado a Sancho Don Quijote .)

(Sale Inés con dos luces que pondrá sobre un bufete, y Beatriz.)

Inés — Bien la burla se logró.

Beatriz — Y también se logró, Inés,
la satisfacción después
que antes nos desazonó.
Que mi padre, por secretos
fines, burla mi intención,
sin ver que en la dilación
peligran los más discretos.
Y en tanto que se corona
mi amor y el de Margarita,
y la ocasión facilita
lo que el tiempo no sazona,
ten cuenta si hace la seña
don Juan.

Inés — Aquella pared
del corral tanta merced
le hace, que no se desdeña

como por él se deshace
de darle paso.

Beatriz ¿Ha venido
mi padre?

Inés No lo he sabido.

Beatriz ¿Y Margarita qué hace?

Inés Esperando a su galán
en su cuarto estará.

Beatriz Sí,
que lo mismo hago yo aquí.

Inés Ruido siento.

Beatriz ¿Si es don Juan?

(Dentro.)

Inés ¿Quién recatado pretende
el decoro de mi casa
profanar?

Beatriz Mi padre, ¡Ay triste!
¿Si es don Juan? Estoy sin alma.

(Salga Don Enrique retirándose de Don Pedro con la espada desnuda.)

Don Enrique Reportaos, señor don Pedro,
y advertid...

Inés
Aquesta espada
os sabrá dar a entender
que en la nieve de mis canas
hay fuego que hará cenizas
vuestras locas confianzas.

(Sale Margarita.)

Margarita
Por el cuarto de Beatriz
quiero ver en lo que para
este lance, desmintiendo
el haber sido la causa.

Don Enrique
Como estas Carnestolendas
las visitas no embarazan,
pues más divierten que enojan
cuando son tan cortesanas,
yo venía...

Inés
Bueno, a fe,
cuando mi sospecha os halla
en el cuarto de Beatriz
escondido, ¿y tú?

Beatriz
Repara.

Inés
Hecho un demonio está el viejo.

Beatriz
No acierto a hablar de turbada.

Inés
Y así, señor don Enrique,
pues os he hallado en mi casa
recatado y sospechoso,
y de Beatriz en la sala,

o dadle luego la mano,
o tened por cosa clara
que volveréis a salir
por la punta de esta espada.

Inés

Si él los casa la hace buena.

Margarita

¿Si ha sido de los dos traza
para burlar mi deseo?

Beatriz

Esto solo me faltaba.

Don Enrique

Si yo he entrado aquí...

Beatriz

Señor...

Inés

No me repliquéis palabra;
en la sangre y en la hacienda
ninguna la hace ventaja.

Beatriz

¡Hay más penas!

Don Enrique

¡Hay más nuevas
confusiones!

Margarita

¡Hay más ansias!

Inés

¿De qué os heláis cuando airado
el pecho mi enojo abrasa?

(Dentro.)

Don Quijote

¡Hombre que de ese castillo
el altivo muro asaltas,

si a facer vas algún tuerto
yo estorbaré que lo fagas.

Inés
¿No es en el corral el ruido?

Margarita
Por aquí, si no me engaña
el temor, se ha entrado un hombre.

Inés
¿Quién este alboroto causa?

(Por donde está Margarita sale Don Juan.)

Don Juan
Válgate el diablo por loco,
lo que mi intento embarazas;
pero, ¿qué miro? Don Pedro
aquí desnuda la espada,
Beatriz perdido el color,
suspenso Enrique, asustada
Margarita, ¿qué será?

Inés
Pues vos también, en demanda
de mi ofensa, pretendéis
con escándalo aumentalla,
y también de Margarita,
por tenerla yo hospedada,
debo a ley de caballero
defender su noble fama,
y dan las demostraciones
muestras de solicitalla,
ya que habéis llegado a tiempo
(que pretenden mis venganzas
o dejarlas satisfechas,
o dejarlas castigadas,)
ved lo que intentáis hacer

ya que cómplice os declara
de mi ofensa la osadía
de quebrantarme la casa.
Si algún engaño no quiere
deslucir fineza tanta
lo que solicito yo...

(Sale Don Quijote por donde salió Don Juan.)

Don Quijote

¿Dónde está quien de este alcázar
con talante de traición
los muros invasionaba?

Inés

Señor don Quijote, ahora
no estamos para esas chanzas.

Don Quijote

¿Qué llamáis chanzas? ¡Por vida
de la señora más alta,
más bella, más tremebunda
que ha celebrado la fama!
Que el que alguna desmesura
os hiciera, en la campaña
verá quien es don Quijote .

Inés

No he menester que me valga
vuestro valor, porque el mío
teniendo razón me basta.

(Sale Sancho.)

Sancho

Válgate el diablo por amo
lo que derrengado salta;
pero, ¡gran bulla hay aquí!

Inés
Ya que la suerte está echada,
dad, don Enrique, la mano
a Beatriz luego.

Beatriz
¿A qué aguarda
mi amor, mi pena y mi susto?
Mira, señor, que te engañas,
y que yo no he de casarme
con don Enrique.

Inés (Embiste a Beatriz; métense por medio Don Juan y Don Quijote .)
¡Ah, tirada
de mi opinión!, mas tu vida
satisfará ofensa tanta.

Don Quijote
Bueno fuera que por fuerza
estando aquí se casara.

Margarita
Alienta ya mi congoja.

Don Enrique
Vuelva a vivir mi esperanza.

Don Juan
¿No quedaréis satisfecho
si estas señoras se casan
con don Enrique y conmigo
a su gusto?

Inés
Cosa es clara.

Don Juan
Pues, Beatriz, dame la mano.

(Danse las manos.)

Beatriz
La mano, don Juan, y el alma.

Don Enrique
Margarita, yo soy tuyo.

(Danse las manos.)

Margarita
Tomaron puerto mis ansias.

Don Quijote
Cásense por esta vez,
pero me han de dar palabra
de descasarse en habiendo
alguna cosa contraria.

Inés
Cásense, como yo libre
de todos cuidados salga.

Sancho
Si hay boda habrá confitura.

Inés
Y aquí la comedia acaba
del estupendo valor
del Hidalgo de la Mancha,
y para fin de la fiesta
servirá una mojiganga
de ser la segunda parte
de su historia celebrada.

Fin

Fin de fiesta
Juan Vélez de Guevara

Al acabarse la comedia detenga Sancho a Don Quijote .

Sancho
¡Ah, señor!

Don Quijote
¡Qué queréis, Sancho?

Sancho
¿Pues no se acabó la historia?;
¿adónde está aquel gobierno
que me mandó?

Don Quijote
En la memoria
de mis heroicas hazañas

Sancho
Peor está que en la bolsa.

(Tocan coplas.)

Don Quijote
Pero, ¿qué cajas son estas
que mi valor alborotan?

Sancho
Más me parecen carracas.

Don Quijote
¿No ves que una infanta hermosa
de un elefante se apea?

(Salga sobre un elefante Bernarda Manuela vestida al tiempo antiguo, y Manuela de Escamilla sobre un galápago por otra parte, y cantando.)

Sancho
Así habrá cajas y trompas,
y viene por esta parte
en un galápago otra.

Bernarda

Yo soy, señor don Quijote,
la infanta Micomicona,
cuya hermosura celebran
ninfas de Majalahonda.

Manuela

Yo soy, señor Sancho Panza,
la celebrada Tripolda,
nieta por partes de madre
del hijo de la Rollona.

Bernarda

Siempre os he favorecido
en vuestras hazañas todas,
y si no fuera por mí
ya estuvierais en la horca.

Manuela

Yo a vos estoy inclinada
desde que os vi en una boda
acreditar vuestro seso
con los cascos de la olla.

Bernarda

Y así os pretendo llevar...

Manuela

Y así vengo por la posta...

Bernarda

a que os corone la fama.

Manuela

a que no andéis a la sopa.

(Representado.)

Bernarda

Seguidme.

Manuela

Venid conmigo

Don Quijote
Corroborante señora,
ya os sigo.

Sancho
Ya voy con vos,
carantamaula amorosa.

Bernarda
La andante caballería
os espera en Trapisonda
para laurear vuestros hechos.

Don Quijote
No hay para follones gloria.

(Vanse Bernarda y Don Quijote .)

Manuela
La ínsula Varietaria
esperando está por horas
que la vaya a gobernar.

Sancho
Lo haré como una persona.

(Andando por el tablado.)

Manuela
Pues ya no estamos muy lejos.

Sancho
¿Cuál es?

Manuela
Aquella o esotra.

Sancho
De dos la una no puede
errarse ninguna cosa.

Manuela
Ya hemos llegado.

Sancho
¿Llegado?

Manuela
¿Pues no echéis de ver que tocan
a vuestro recibimiento
las campanas de Zamora?
Poneos de gobernador.

Sancho
Pues la presencia no es boba.

(Salen cantando, y de monos u otro traje ridículo, uno con la vara, otro con un ropón y otro con una gorra.)

Música
Venga enhorabuena
norabuena venga
a la isla Varietaria
el señor don Sancho Panza,
a mandar como en su casa
y a comer como en la ajena,
norabuena venga,
venga enhorabuena.

Sancho
¿Qué diablos de gente es
la que me hace carantoñas?

Manuela
Vasallos que a daros vienen
la investidura de toda
la isla.

Sancho
Más me parece
que a desnudar se acomodan,
que tienen malditas caras.

Manuela
Mandad que les hagan otras,
y en tanto aquesas insignias

tomad.

(Los Monos.)

Mono I — Aquesta es la ropa.

(Pónesela.)

Sancho — ¡Qué lindo metal de voz!

Mono II — Esta es la vara...

Mono III — y la gorra.

(Danle la vara en la mano y pónenle la gorra.)

Manuela — Ya estáis como habéis de estar.

Sancho — ¿Pues qué es lo que falta ahora?

Manuela — Que mandéis a vuestro gusto.

Sancho — Sea la primera cosa
que me traigan de comer.

Todos los monos — La vianda del Vaivoda

(Baje de arriba una mesa.)

que vino en el aire.

Sancho — ¡Sopla!

Manuela — Mirad qué pava ruana.

(Baje en un plato un pato vivo.)

Sancho
¿Cómo viene de esta forma?

Manuela
Para que esté más manida
viene con su pluma toda;
¡comed, pues!

Sancho
¿Qué he de comer?
que ella temo que me coma.

(Suben la pava.)

Manuela
Pues tráiganle manjar blanco
de pechugas de langostas.

Sancho
Venga.

(Bajen en cuatro ganchos cuatro pellas de manjar blanco, y quita una pella cada uno y Manuela la otra.)

Monos
Venga norabuena

Sancho
Del manjar blanco me toca
haberme quedado en blanco.

Manuela
No miréis en eso ahora,
y salid a recibir
al Dinasta de Panonia.

Sancho
¿Qué don Asta?

Manuela
Don Quijote,
vuestro amo.

Sancho

Si en Pandorga
come tan bien como yo
muy lindamente nengoncia.

(Salgan los Músicos cantando.)

Músicos

Afuera, afuera, afuera,
aparta, aparta, aparta,
que sale el gran don Quijote
laureado hasta las cachas;
los andantes caballeros
de más nombre le acompañan,
con cuantas guasamalletas
los gradúan de fantasmas.
Afuera, afuera, afuera,
aparta, aparta, aparta.

(Sale Esplandián vestido a lo antiguo ridículo, y media máscara todo ridículo.)

Esplandián

Yo soy el gran Esplandián,
que en el puro cordobán
la mañana de San Juan
le dejaron en Irlanda...

Música

Para ser, para ser mojiganga.

(Sale Otro de la misma manera.)

Otro

El caballero del Febo
soy, que, vestido de nuevo,
hoy me pongo como un huevo
al calor de mis andanzas.

Música

Para ser, para ser mojiganga.

(Sale Beltenebros de la misma manera.)

Beltenebros — Beltenebros soy el fuerte
que sin temer a la muerte
me hizo parecer mi suerte
ermitaño de mohatra...

Música — Para ser, para ser mojiganga.

(Sale Orlando de la misma suerte.)

Orlando — Yo que soy el bravo Orlando,
sin saber cómo ni cuándo,
tras Angélica rodando
fui hasta caer en la trampa.

Música — Para ser, para ser mojiganga.

(Sale Don Quijote con laurel ridículo, y de la misma manera que los otros.)

Don Quijote — Porque el valor se aproveche
y nunca a perder se eche,
ya le traigo en escabeche
con el laurel de la fama...

Música — Para ser, para ser mojiganga.

Todos — ¿Qué es lo que ahora mandáis?

Don Quijote — Ver solamente me falta
a la sin par Dulcinea.

Manuela — Pues ya sale.

(Dentro.) ¡Plaza, plaza!

(Salgan las que pudieren vestidas a lo antiguo ridículamente, y Navarrete, que hará a Dulcinea, también.)

Don Quijote ¿Cuál es de vosotras?

Navarrete Yo,
como quien no dice nada.

Don Quijote ¿Asaz soberana sois?

Navarrete Hermosa soy, a Dios gracias.

Don Quijote Aquí está vuestro cautivo.

Navarrete ¡Oh, qué linda mermelada!

Sancho Novia es de Carnestolendas,
porque ya viene tiznada.

Don Quijote Celebrad todos mis dichas,
repitiendo en voces varias.

Don Quijote y
Música La señora Dulcinea
viva, porque el mundo vea
todo lo que amor desea
en su agraciadita cara,
para ser, para ser mojiganga.

(Repitan, y bailando dé fin.)

Fin

Libros a la carta

A la carta es un servicio especializado para
empresas,
librerías,
bibliotecas,
editoriales
y centros de enseñanza;
y permite confeccionar libros que, por su formato y concepción, sirven a los propósitos más específicos de estas instituciones.

Las empresas nos encargan ediciones personalizadas para marketing editorial o para regalos institucionales. Y los interesados solicitan, a título personal, ediciones antiguas, o no disponibles en el mercado; y las acompañan con notas y comentarios críticos.

Las ediciones tienen como apoyo un libro de estilo con todo tipo de referencias sobre los criterios de tratamiento tipográfico aplicados a nuestros libros que puede ser consultado en Linkgua-ediciones.com.

Linkgua edita por encargo diferentes versiones de una misma obra con distintos tratamientos ortotipográficos (actualizaciones de carácter divulgativo de un clásico, o versiones estrictamente fieles a la edición original de referencia).

Este servicio de ediciones a la carta le permitirá, si usted se dedica a la enseñanza, tener una forma de hacer pública su interpretación de un texto y, sobre una versión digitalizada «base», usted podrá introducir interpretaciones del texto fuente. Es un tópico que los profesores denuncien en clase los desmanes de una edición, o vayan comentando errores de interpretación de un texto y esta es una solución útil a esa necesidad del mundo académico.

Asimismo publicamos de manera sistemática, en un mismo catálogo, tesis doctorales y actas de congresos académicos, que son distribuidas a través de nuestra Web.

El servicio de «libros a la carta» funciona de dos formas.

1. Tenemos un fondo de libros digitalizados que usted puede personalizar en tiradas de al menos cinco ejemplares. Estas personalizaciones pueden ser de todo tipo: añadir notas de clase para uso de un grupo de estudiantes, introducir logos corporativos para uso con fines de marketing empresarial, etc. etc.

2. Buscamos libros descatalogados de otras editoriales y los reeditamos en tiradas cortas a petición de un cliente.

Made in the USA
Monee, IL
13 September 2026

62988795R00099